Mães de Acari
Uma história de protagonismo social

PUC
RIO

Reitor
Pe. Jesus Hortal Sánchez, S.J.

Vice-Reitor
Pe. Josafá Carlos de Siqueira, S.J.

Vice-Reitor para Assuntos Acadêmicos
Prof. Danilo Marcondes de Souza Filho

Vice-Reitor para Assuntos Administrativos
Prof. Luiz Carlos Scavarda do Carmo

Vice-Reitor para Assuntos Comunitários
Prof. Augusto Luiz Duarte Lopes Sampaio

Vice-Reitor para Assuntos de Desenvolvimento
Engenheiro Nelson Janot Marinho

Decanos
Prof[a] Maria Clara Lucchetti Bingemer (CTCH)
Prof[a] Gisele Cittadino (CCS)
Prof. José Alberto dos Reis Parise (CTC)
Prof. Francisco de Paula Amarante Neto (CCBM)

Mães de Acari
Uma história de protagonismo social

Carlos Nobre

© Editora PUC-Rio
Rua Marquês de S. Vicente, 225 – Projeto Comunicar
Praça Alceu Amoroso Lima, casa Agência/Editora
Gávea – Rio de Janeiro – RJ – CEP 22.453-900
Telefax: (21)3114-1760/3114-1838
Site: www.puc-rio.br/editorapucrio
E-mail: edpucrio@vrc.puc-rio.br

Conselho Editorial
Augusto Sampaio, Cesar Romero Jacob, Danilo Marcondes de Souza Filho, Fernando Sá, Gisele Cittadino, José Alberto dos Reis Parise, Maria Clara Lucchetti Bingemer, Miguel Pereira.

Capa e Projeto Gráfico
Flávia da Matta

Revisão de originais
Felipe Gomberg e Tomás Batista

© Pallas Editora
Rua Frederico de Albuquerque, 56
Higienópolis - Rio de Janeiro - RJ
CEP 21.050-840
Telefax: (21) 2270-0186
www.pallaseditora.com.br
pallas@alternex.com.br

Todos os direitos reservados. Nenhuma parte desta obra pode ser reproduzida ou transmitida por quaisquer meios (eletrônico ou mecânico, incluindo fotocópia e gravação) ou arquivada em qualquer sistema ou banco de dados sem permissão escrita da Editora.

ISBN: 85-347-0380-9

Nobre, Carlos

    Mães de Acari : uma história de protagonismo social / Carlos Nobre. – Rio de Janeiro : Ed. PUC-Rio: Pallas, 2005.
    220 p. ; 21 cm
    1. Direitos civis. 2. Violência. 3. Crime contra o jovem. 4. Justiça. 5. Mulheres – Acari (RJ) – Condições sociais. 6. Mães e filhos. I. Título.

CDD: 323

As Mães

Marilene Lima e Souza
Vera Lúcia Leite Flores
Edméia da Silva Eusébio*
Teresa Souza Costa
Ana Maria da Silva
Joana Euzilar dos Santos
Laudicena Oliveira do Nascimento*
Denise Vasconcelos
Ednéia Santos Cruz
Maria das Graças do Nascimento
Márcia da Silva

Os Filhos

Rosana Souza Santos, 17 anos.
Cristiane Souza Leite, 17 anos.
Luiz Henrique da Silva Eusébio, 16 anos.
Luiz Carlos Vasconcelos de Deus, 32 anos.
Hudson de Oliveira Silva, 16 anos.
Edson Souza Costa, 16 anos.
Antônio Carlos da Silva, 17 anos.
Hédio Oliveira do Nascimento, 30 anos.
Moisés Santos Cruz, 26 anos.
Wallace Oliveira do Nascimento, 17 anos.
Viviane Rocha da Silva, 13 anos.

*Já falecidas.

Agradecimentos

Este trabalho contou com a contribuição de pessoas muito importantes.

A minha irmã *Cleumir*, que sempre soube me dar atenção nos momentos difíceis.

Aos meus lúcidos amigos *Arcélio*, *Janaína* e *Romário*. Descobrimos uma instigante relação, e que ela dure para sempre, sempre, sempre.

A *Durval*, pessoa afável, que me deu suporte em algumas passagens deste trabalho. Sua sensibilidade é um patrimônio ao qual eu sempre gostaria de ter acesso.

A *Vera*, *Marilene* e *Cristina Leonardo*, pessoas significativas. Suas histórias impressionam a todos. Há mais de 15 anos nos encontramos em reportagens, seminários, favelas e ONGs, e sempre mantivemos a chama.

Ao coronel *Brum*, que continua sendo um grande homem da polícia.

A meu amigo *Roberto de Carvalho*, sempre um diálogo fecundo em qualquer situação. Valeu pela força.

A *Celso*, *Valeska*, *Vilma* e *Ingrid*. É um prazer imenso tê-los como amigos/irmãos. Com vocês, tive uma nova vida, muito mais harmônica e rica em significados, na qual pude compreender, por exemplo, a beleza, a força e a emoção da família negra. Vocês são pessoas muito importantes.

A *Aline*, uma talentosa menina, que também contribuiu bastante, com seu inconsciente e poemas.

Aos diálogos críticos mantidos em muitas ocasiões com os sociólogos *Francisca* e *Sérgio*, que me ajudaram a compreender as questões sociais. Duas pessoas engajadas, que me deram lições de democracia acadêmica.

Dedico também a minha eterna amiga *Tânia Maria Salles Moreira* (*in memoriam*).

Caminhos

O ser humano – essa delicada máquina de funcionamento, em termos mecânicos tão perfeita, com um encadeamento tão harmônico de pressão, temperatura, propulsão e contendo um enigma tão profundo quanto à sua essência fundamental – me intriga e apaixona.
Tânia Maria Salles Moreira
(procuradora de Justiça da 7ª Câmara)

A história demonstra que as tragédias podem ser fonte de enormes avanços ou de graves retrocessos.
Agop Kayayan
(ex-representante oficial do Unicef no Brasil)

Ressuscita-me!
Maiakovski
(poeta da Revolução Russa)

O pessimismo absoluto é o início do otimismo. É como quando se chega ao fundo do mar e se dá um impulso com o calcanhar para subir de novo.
Luchino Visconti
(cineasta do neo-realismo italiano)

Sumário

13	Prefácio - *Frei David Santos, ofm*
17	Introdução
21	Capítulo I - A Ameaça
29	Capítulo II - Pé na Estrada
35	Capítulo III - Paris, Viena, Londres...
43	Capítulo IV - O Grito e o Silêncio
51	Capítulo V - Os Suspeitos
55	Capítulo VI - Atuação da DDV
61	Capítulo VII - O *Cowboy* Bill Kid
71	Capítulo VIII - A Extorsão
87	Capítulo IX - O Reconhecimento
93	Capítulo X - Fuga para Magé
105	Capítulo XI - Dólar, Jóias e Remédios
111	Capítulo XII - As Pressões
115	Capítulo XIII - Corpo-a-corpo em Acari
121	Capítulo XIV - O Sabor da Militância
129	Capítulo XV - Caçadores de Cadáveres
141	Capítulo XVI - As Lobistas Sociais I
147	Capítulo XVII - As Lobistas Sociais II
153	Capítulo XVIII - Saindo das Panelas
163	Capítulo XIX - As *"Locas"* de Acari
169	Capítulo XX - Os Outros Filhos
175	Capítulo XXI - As Mulheres do Terço
181	Capítulo XXII - Cemitérios Clandestinos
187	Capítulo XXIII - A Defesa da Promotoria
193	Capítulo XXIV - Cultura de Extermínio
215	Capítulo XXV - A Chacina da Baixada

Prefácio

Frei David Santos, ofm*

Mães de Acari é um livro raro na bibliografia sobre o assunto no Brasil. O maior mérito da obra, no entanto, é saldar uma dívida histórica com as mulheres brasileiras. Elas sempre estiveram presentes na luta pela igualdade de direitos e de oportunidades. No entanto, poucos se debruçaram de maneira tão especial na recuperação e compreensão do protagonismo feminino em nossa história como esta obra de Carlos Nobre. E recupera como quem reconhece a força e o vigor das "Marias", "Margaridas", "Joanas"...

Passados 15 anos da chacina de Acari, o clamor das mães continua sendo ouvido nas ruas e praças do Brasil afora. Elas sabem que o desafio é imenso e o preço, caro demais.

O Rio de Janeiro continua colecionando um triste histórico de graves violações aos diretos humanos. Na última década, a

---

* Frade fanciscano que atuou por 20 anos nos trabalhos sociais do Grande Rio. Nos últimos oito anos passou atuar na Grande São Paulo, introduzindo o mesmo e rico trabalho que marca toda a cidade do Rio de Janeiro, que são os Pré-vestibulares para Afrodescendentes e outros pobres em geral. Só na Grande São Paulo já estão implantados 184 núcleos da Rede de Pré-Vestibulares Educafro (educafro@franciscanos.org.br).

Cidade Maravilhosa tem sido destaque internacional a partir de tristes exemplos como as chacinas de Vigário Geral, Candelária, Caju, Acari e a mais recente delas, o assassinato de 30 pessoas na Baixada Fluminense em 31 de março de 2005. *A grande maioria é afrodescendente*. Daí a atualidade e relevância do assunto.

Neste árduo trabalho, Carlos Nobre, jornalista experimentado, com aguçado senso crítico e coragem descomunal, traz ao leitor uma obra de inestimável valor. Debruçando sobre o protagonismo das *Mães de Acari*, o autor nos instiga a uma profunda reflexão sobre a situação atual dos direitos humanos no Brasil e o papel dos ativistas na luta pela consolidação de uma cultura de paz.

Quem espera do livro uma visão vitimizada da realidade das favelas do Rio de Janeiro se engana. Nobre destrincha com maestria as experiências cotidianas de mulheres simples das favelas cariocas que, *unidas pela dor, estão tecendo o fio da justiça e da cidadania*, e mostra que, nos interstícios da luta pela sobrevivência dos pobres, das mães solteiras, dos homens negros desempregados, também está sendo gestada a resistência dos excluídos.

Sem se deixar levar pela fatalidade comum aos trabalhos acadêmicos que tentam explicar a favela, o autor nos revela uma outra visão marcada pelo protagonismo dos pobres como agentes de sua própria história.

As Mães de Acari são apenas um dos exemplos heróicos de resistência dessa gente esquecida pelo poder público e vista pela sociedade sob o índice do desvio. Quem se ocupar de conhecer a realidade das favelas cariocas verá que existem outros exemplos de protagonismo social como os pré-vestibulares comunitários para afrodescendentes, as rádios comunitárias, as associações de moradores e até mesmo as macroassociações como a Central Única das Favelas. Desnecessário dizer que o aguçado senso crítico de Nobre não deixa passar despercebida a dimensão classista e racial do Estado, presente ali apenas por meio de sua força policial-repressora. Onde faltam serviços públicos essenciais aos cidadãos falta pouco para o caos. É, pois, nos limites da cidadania, na luta pela sobrevivência que os moradores da favela vão construindo novas formas de sociabilidade e descobrindo que seu protagonismo é condição indispensável para a emancipação social.

Já em 1994, quatro anos depois do massacre dos jovens pobres de Acari pela polícia, o destemido repórter do jornal O Dia publicava *Mães de Acari – Uma história de luta contra a impunidade*. O livro era um grito, um desabafo, um choro. Dando voz às mães das vítimas, o jovem repórter Carlos Nobre contestava com veemência e coragem a versão oficial amplamente divulgada. Estava certo! Uma década após a publicação do desabafo, o que mudou?

O desafio agora é que a morte de negros, nordestinos, pobres moradores da periferia não se torne natural. A polícia, em que pesem as exceções, continua com uma cultura autoritária herdada de nossos tempos ditatoriais. O Estado continua violando os direitos de seus cidadãos. A sociedade continuará de olhos fechados?

Agora caro leitor, deixe o prefácio de lado e se ponha a caminhar por esta densa floresta que é *Mães de Acari – Uma história de protagonismo social*.

Introdução

Mulheres em tempos sombrios

República Dominicana, 25 de novembro de 1960. Os corpos de três lindas irmãs, educadas em convento, foram encontrados perto dos destroços de seu jipe, no fundo de um precipício na costa do país.

El Caribe, o porta-voz oficial da ditadura militar dominicana, noticia o fato como acidente. Não menciona, no entanto, que uma quarta pessoa havia escapado viva. O jornal também não alude ao fato de que as três mortas estavam entre os maiores opositores à ditadura do general Trujillo.

As irmãs eram conhecidas como *Las Mariposas* (As Borboletas). Seus nomes: Pátria, Minerva e Maria Teresa Mirabal. Eram figuras míticas e populares na República Dominicana. Seus assassinatos, em 1960, provocaram uma insurreição política que levou à morte o próprio Trujillo, em 1961.

Dedé, a irmã que sobreviveu, passou a contar a saga das irmãs em nome dos direitos humanos, das liberdades democráticas e do respeito às individualidades.

Quinze anos depois, em Buenos Aires, o mito de mulheres envolvidas com as liberdades democráticas retornaria com mais vigor. Durante a ditadura militar daquele país, nos anos 1970, surgem as *Locas de la Plaza de Mayo*, mulheres que buscavam informações sobre os filhos que haviam sido mortos pela ditadura militar argentina.

As *locas* faziam diariamente o movimento circular de protesto, em frente ao palácio-sede do governo, o que incomodava os comandantes da ditadura. O movimento crescia e o general Jorge Videla, à época presidente argentino, não conseguia conter o crescimento do movimento feminino de direitos humanos liderado pelas *Locas*.

Em 1979, em Mesquita, na Baixada Fluminense, uma mulher negra, pobre, quatro filhos, sem marido, 25 anos, resolvia enfrentar um batalhão inteiro de policiais militares. Sua finalidade: reconhecer seis policiais que haviam invadido sua casa e algemado seu irmão Paulo Pereira Soares Jr., 18 anos, em 18 de outubro de 1979. O rapaz foi assassinado na frente da irmã. Marli Pereira Soares foi mais de 40 vezes à delegacia, até que conseguiu identificar os assassinos do irmão e condenar três deles por homicídio no Tribunal do Júri de Nova Iguaçu. Caso Marli, assim ficou conhecida a luta dessa doméstica negra que não se conformou com a impunidade, e lutou até que fossem punidos os assassinos do irmão. Marli é objeto de debates e de reportagens internacionais, em razão de sua coragem em enfrentar um grupo de extermínio a fim de que a justiça fosse estabelecida, em uma região onde a lei tinha peculiaridades especiais para ser aplicada.

Em 1990, surgem as Mães de Acari, mulheres pobres da periferia do Rio de Janeiro, que passariam a andar por cemitérios clandestinos em busca dos corpos dos 11 filhos seqüestrados, em 26 de julho de 1990 por grupos de extermínio, em Magé, novamente na Baixada Fluminense. O caso ganharia repercussão nacional e internacional, e mostraria, novamente na América Latina, o fortalecimento da liderança feminina-popular contra injustiças sociais, como no Caso Acari.

Não temos argumentos fortes para afirmá-lo, mas arriscamos em dizer que existe uma tradição feminina de luta política na América Latina. São mulheres que, com o desânimo e uma certa apatia masculinas, assumem papéis que não eram reservados para elas, pois esses papéis são essencialmente políticos e conseqüentemente masculinos.

Mas, diante de uma certa "fragilidade" do homem comum em relação às ditaduras e ao sistema de dominação, as mulheres apareceram como redutos de resistência, assumindo dois papéis: o de mães e o de militantes, trazendo, por conseguinte, a família como bandeira para discutir as dores pessoais no espaço público.

Este livro procura resgatar o protagonismo das Mães de Acari. É o nosso segundo livro sobre o caso. No primeiro, *Mães de Acari – Uma história de luta contra a impunidade* (1994), procuramos revelar a atuação das mães, desvendar o caso, detalhar a impunidade e mostrar como as diversas autoridades não deram a ele o tratamento devido. Por isso, até hoje nenhum acusado foi punido no caso.

Agora, neste *Mães de Acari – Uma história de protagonismo social*, procuramos ver como se deu particularmente a ação das mães juntamente com outras mulheres que passaram a lutar pelos direitos humanos, no Rio de Janeiro.

Mostramos, neste sentido, que a atuação das Mães de Acari, ao longo destes 15 anos de impunidade, não foi em vão. Suas ações foram copiadas país afora, e hoje podemos ver grupos de mães lutando pelos direitos humanos em várias capitais e cidades brasileiras.

Meu interesse pelo caso surgiu, quando, como repórter do jornal *O Dia*, fui o responsável pela cobertura jornalística do seqüestro de 11 rapazes e moças. Naquela ocasião, como jornalista, me surpreendia a determinação das mães de querer encontrar os corpos dos filhos.

Algumas delas já estavam "acostumadas" com a banalidade como ocorriam mortes de adolescentes em comunidades carentes. Isto porque a violência estatal nestas comunidades é endêmica.

No entanto, a ausência dos corpos da chacina dos jovens de Acari detonou um dos mais singulares movimentos femininos de direitos humanos da história recente brasileira. Em nenhum outro momento mulheres pobres haviam exigido e se arriscado tanto em nome da maternidade e da luta contra a barbárie.

O objetivo deste livro, portanto, foi acompanhar um pouco este protagonismo social.

CAPÍTULO I

A Ameaça

Um militante do Centro de Articulação de Populações Marginalizadas (CEAP) telefona para Vera Lúcia Leite Flores, moradora de Fazenda Botafogo, comunidade vizinha à favela de Acari, Zona Norte do Rio de Janeiro:
"Vocês têm que vir hoje à tarde para um encontro com integrantes da Anistia Internacional", avisa. O militante pede ainda que elas peguem um táxi até o Centro a fim de que cheguem com mais segurança e rapidez.

Vera, então, contata Marilene Lima e Souza e explica que passaria de táxi na casa dela, em Coelho Neto, para que fossem ao CEAP, localizado na Rua da Lapa.

Ela também avisa a Joana da Silva Oliveira e a Ana Maria Silva. Elas deveriam preparar-se para integrar a comitiva de mães que se encontraria com militantes internacionais de direitos humanos, naquela tarde.

Vera se veste com pressa e sai de casa. Na rua, faz um sinal com a mão direita para um táxi que vinha na direção contrária. Ficou contente, pois, em menos de cinco minutos, conseguira condução. Em geral, na Zona Norte, os táxis circulam em horários irregulares.

O táxi parou. Ela abriu a porta. Sentou-se no banco traseiro. Informou ao taxista o endereço da casa de Marilene, em Coelho Neto.

O táxi chegou rápido à casa da amiga, após contornar a praça principal de Fazenda Botafogo. Vera nem precisou sair do táxi para chamar Marilene, pois esta já estava lhe aguardando na porta de casa.

Marilene se acomodou ao lado de Vera no banco traseiro. As duas começaram a conversar sobre fatos do cotidiano. Era fevereiro de 1993, e a cidade se aprontava para o carnaval.

"Marilene", disse Vera, "saiu uma notícia sobre a morte de Edméia hoje numa rádio. Você ficou sabendo?"

"Não, menina, os meus filhos é que ouviram e me falaram por alto. Como andam as investigações do assassinato de Edméia?"

"Na mesma. Ainda não tem nenhum suspeito preso", respondeu Vera.

De repente, o taxista olha para as duas mulheres pelo espelho retrovisor e se intromete na conversa das passageiras:

"Edméia não é aquela Mãe de Acari que foi morta no mês passado?"

As duas mulheres emudeceram de repente, como se estivessem prevendo problemas. Os taxistas cariocas geralmente costumam entrar na conversa dos passageiros para demonstrarem simpatia, ou para se passarem por pessoas bem informadas sobre os assuntos mais quentes do cotidiano da cidade.

Elas pensaram que o taxista quisesse bater papo até chegar ao destino da viagem:

"Pois fiquem sabendo", continuou ele, "que todas aquelas Mães de Acari vão morrer. Vão passar o rodo em todas elas. Vão para o mesmo lugar que Edméia", afirmou ele.

Edméia, uma das mais combativas mães, havia sido assassinada a tiros por um ex-PM ao sair do Complexo da Frei Caneca, no Estácio, em 15 de janeiro de 1993. Ela fora ao presídio levantar uma informação com um amigo presidiário sobre a localização dos corpos dos meninos de Acari exterminados em Magé. Um dos desaparecidos era seu filho Luiz Henrique, o Gunga, 16 anos. Os corpos até hoje não foram localizados.

Vera e Marilene, também Mães de Acari, se entreolharam temerosas. Tinham sido as duas mães a segurar nas alças frontais do caixão de Edméia durante o sepultamento.

O aviso do taxista desestabilizou emocionalmente as duas.

Mulheres residentes em Coelho Neto, em Fazenda Botafogo e a maioria moradora da Favela de Acari, na Avenida Brasil, as Mães de Acari criaram um famoso movimento contra a impunidade dos assassinos de seus filhos, e se tornaram referência na defesa dos direitos humanos.

O taxista, ignorando a fama e o trabalho das mães, ampliou seu discurso, desta vez se identificando:

"Eu sou policial. E ninguém na polícia agüenta mais as Mães de Acari fazendo barulho, acusando os policiais disso e daquilo. Ou elas se calam, ou o caldo vai entornar novamente para elas."

"É mesmo, moço?", perguntou Vera, tremendo.

"É sim, todas essas Mães de Acari são pagas pelos traficantes para ficar falando mal da polícia."

Marilena beliscou Vera e fez uma expressão de quem gostara dos comentários do motorista.

"São tudo safadas, não é, moço?", perguntou Marilene ao motorista.

"Bota safadas nisso. Elas não valem nada", retrucou ele.

O táxi chegou à casa de Teresa. Ia também pegar Joana em Acari. Eram outras duas mães do grupo que iriam juntar-se ao grupo e participar da reunião no CEAP.

Vera, no entanto, fez questão de descer do táxi para falar com as outras duas mulheres. "Prestem atenção", alertou às companheiras. "Durante a viagem não falem nada sobre Acari, ok? Não revelem que nós somos as Mães de Acari, entendeu? Nada de falar de Acari."

"Mas por quê, Vera?", quiseram saber as mulheres.

"Depois eu explico", respondeu ela.

Sob forte tensão, Marilene, Vera, Joana e Ana conseguiram durante a viagem até a Lapa evitar comentários sobre a morte de Edméia. Era um dos assuntos mais focalizados naquele momento pelos jornais populares e pelos relatórios dos movimentos internacionais de direitos humanos.

A militância internacional de direitos humanos vinha cobrando a punição dos assassinos pelo governador Leonel Brizola, que assumira, em 1991, pela segunda vez, o comando do executivo estadual, prometendo acabar com a violência contra a população pobre da cidade, promovida especialmente pelos grupos de extermínio.

O táxi, finalmente, parou na altura do número 200 da Rua da Lapa, no Centro. As quatro mulheres desembarcaram. Vera e Marilene estavam tensas, Joana e Teresa perceberam a anormalidade no ar, mas, atendendo aos apelos das amigas, falaram de assuntos domésticos durante a corrida. Elas estavam curiosas em saber por que as companheiras lhes impuseram um silêncio sepulcral a respeito delas mesmas durante a viagem até a Lapa.

As quatro pegaram o elevador do prédio 200. Apertaram o botão do oitavo andar. Antes que chegassem à **entidade**, Vera e Marilene revelaram a conversa que tiveram com o taxista. Ele não soubera que havia centrado fogo contra as próprias Mães de Acari.

Joana e Ana quase desmaiaram de medo ao saber do teor da conversa entre o taxista, Vera e Marilene, momentos antes de embarcarem no veículo. Antes que pudessem comentar alguma coisa, chegaram ao oitavo andar. Saíram. Foram recebidas efusivamente pelos militantes da entidade.

"Tudo bem, gente?", cumprimentaram eles na porta de entrada da sala de reunião.

"Tudo...", responderam constrangidas.

Naquele momento – já respeitadas pelos organismos internacionais de direitos humanos como referências na luta contra desaparecidos no Brasil –, elas lembraram que, no início do movimento, logo após o seqüestro e a chacina dos filhos, em Magé, ninguém dava atenção aos seus reclamos.

"Éramos chamadas de mulheres do tráfico, que os traficantes nos pagavam para falar mal dos policiais", lembram Vera e Marilene.

Este episódio – de defrontar-se inesperadamente com inimigos das Mães de Acari no cotidiano das ruas do Rio de Janeiro – não teria sido o único deste tipo na trajetória de Vera. Ela se lembra que, quatro anos depois do episódio do táxi, passou pelo mesmo trauma. Nessa época, recorda, o delegado José Godinho, o Sivuca, ex-homem de ouro da Polícia Civil e ex-deputado estadual, viria a acusar, por meio de entrevistas e discursos, o grupo das mães de Acari de ser ligado ao narcotráfico. Sivuca se irritava porque nas entrevistas das mães à imprensa os policiais eram os primeiros acusados de terem cometido a chacina.

Certa vez, Vera e Sônia Lourenço, moradora de Acari, vinham de ônibus em direção a Fazenda Botafogo. As duas estavam sentadas em um banco na metade do ônibus. De repente, um homem entrou no coletivo. Ele olhou para Vera, ao lado da amiga. Ela chegou até a desviar do olhar, pois ficara constrangida. O homem agia como se tivesse encontrado uma espécie de objeto de vingança na figura de Vera.

"Dá licença", disse ele em tom sibilino para as duas mulheres. "Posso sentar ao lado aí dessa Mãe de Acari?"

As duas ficaram em pânico. Avaliaram, então, que o desconhecido conhecia Vera pelas fotos publicadas pela imprensa. O homem continuava olhando para elas de forma ameaçadora. Sônia cravou seus olhos no cós da calça do desconhecido e, pelo volume que fazia na virilha, identificou que ele poderia estar armado. Esta possibilidade aumentou mais a tensão das duas mulheres:

"Ele está armado, Vera."

"Eu não estou vendo", respondeu baixinho à amiga.

Sônia resolveu encarar o desconhecido, mesmo tremendo de medo.

"Olha, você não pode sentar aqui, pois estou indo com ela, eu sou amiga dela. Estes lugares já estão ocupados", respondeu ao desconhecido.

O homem resolveu sentar no último banco do ônibus. Os passageiros, com os olhos grudados na cena, esperavam assistir a algum desfecho desfavorável às mulheres. Vera entendeu que o desconhecido, na certa um policial, queria desmoralizá-la perante os passageiros, como se as Mães de Acari fossem perniciosas aos que estavam no coletivo.

Quando o ônibus entrou na Avenida Francisco Bicalho, na altura da Estação de Trens da Leopoldina, em São Cristóvão, as duas desceram às pressas do coletivo, sob o olhar incrédulo dos passageiros: eles não entenderam a reação inesperada das duas mulheres. Em seguida, sem perder o fôlego, entraram em outro coletivo com destino a Acari. O desconhecido, que seguia a viagem do primeiro coletivo, ficou então sem reação diante da iniciativa de fuga tomada por Vera e Sônia, que soltaram um longo suspiro de alívio após entrarem em um segundo coletivo.

Ainda que curta, foi uma experiência de brutal pressão psicológica. Ao chegarem a Acari, novamente respiraram aliviadas. E, em seguida, comentaram para as amigas a experiência que tinham passado no Centro do Rio de Janeiro.

Marilene, anos mais tarde, em meados de 2002, passaria por experiência semelhante. Depois de vencer uma doença, e já querendo esquecer os 12 anos dramáticos de luta para encontrar os despojos da filha Rosana, resolveu se abrir outra vez para a vida, esquecendo por algum tempo seu papel de caçadora de cadáveres. Começou a namorar e freqüentar barzinhos, retornando à vida normal. Todos os irmãos de Rosana já estavam adultos, alguns casados. Seus netos eram uma resposta à sua afirmação de continuidade como mulher combatente da periferia.

No entanto, o pesadelo continuava vivo, apesar das tentativas de esquecer sua trajetória de leoa dos direitos humanos, de indestrutível Antígona, querendo enterrar os despojos da filha a qualquer preço, sempre tendo um Creonte a lhe barrar os passos.

Seu pesadelo, nos momentos de alegria num bar, era sempre esse: um desconhecido a olhava longamente e a deixava na dúvida. "Será que este cara quer alguma coisa comigo? Será que ele é uma ameaça contra mim? Está sinalizando que vai me matar?" Estes eram seus pensamentos mais comuns de dentro do bar. Porém, eram ameaças fantasmas; talvez por isso mesmo nunca se concretizaram – produtos de uma mente estraçalhada pelos anos sem direito à justiça, sem direito a enterrar os restos da filha.

Desde o início do caso, em 1990, o duelo Mães de Acari *versus* policiais sempre foi uma constante, mudando de aspectos e ritmos conforme a conjuntura de cada época. Isso se deve ao fato de as mulheres insistirem na procura pelos restos dos filhos e também por causa do envolvimento dos policiais com o caso. Sem que se dessem conta, haviam perdido o medo de enfrentar a polícia, um dos mais repressivos aparelhos do sistema estatal punitivo.

"Eu me lembro que de cima do palco, após uma manifestação na Cinelândia, a gente gritava palavrões contra os policiais que estavam no policiamento daquele ato público. Era a forma doída de extravasar nossa dor", lembra Vera. Logo no início do caso, essa determinação de enfrentar o mundo em busca dos filhos já se configurava com certo desenho político. Em julho de 1992, após o caso ter completado dois anos, todas as mães se reuniram em Acari para relembrar os mortos da chacina. Durante o encontro, documentado pelas imprensas brasileira e estrangeira, elas exigiram do poder público a busca pelos corpos e a punição aos assassinos.

Rostos marcados pelos traços da dor, olhares firmes e munição farta, as Mães de Acari disseram, na época, que jamais iriam desistir de procurar os cadáveres dos filhos. Não iriam sossegar enquanto não sepultassem os filhos. Na ocasião, receberam dálias, margaridas, rosas e orquídeas de diversos militantes em prol dos direitos humanos, solidários com suas lutas.

Presente ao encontro de Acari, um jornalista francês do Principado de Mônaco – que organizava um dossiê sobre a ação dos grupos de extermínio no Brasil – também preparava um relatório específico sobre o Caso Acari, que julgou de grande relevância para os direitos humanos na América Latina: "Este é um crime bem singular em que as vítimas são pobres, negros e favelados", dissera à época.

CAPÍTULO II

Pé na Estrada

A Rua da Lapa parece exibir, ainda hoje, algumas das imagens do Rio Antigo. Isto porque as transformações urbanas dos últimos 100 anos praticamente não alteraram sua fisionomia. A combinação entre prédios de 10 e 15 andares e casarões antigos (em ruínas), aliada aos marcantes personagens que circulam pelos botequins, a mantém como cenário intocável para um documentário ou uma novela de época. Ali, nas primeiras décadas do século XX, circularam grandes malandros como Madame Satã, que fazia desse bairro, encravado no centro do Rio de Janeiro, uma espécie de reduto permanente da marginalidade carioca.

Naquele 15 de setembro de 1992, outra madame circulava pela Rua da Lapa. Era Danielle Miterrand, então primeira-dama da França, nome internacionalmente respeitado por defender direitos de mulheres oprimidas principalmente no Terceiro Mundo. Semblante tranqüilo, cabelos pretos curtos, gestos nobres, Danielle estava dentro do carro consular, que se movimentava lentamente pela Rua da Lapa. Nas laterais da rua, ao invés de malandros, boêmios e pedestres, havia a presença disfarçada de cerca de 50 seguranças e agentes secretos franceses. Eles interditaram parcialmente uma das mais famosas ruas da antiga malandragem carioca para que a madame pudesse manter um encontro com militantes dos direitos humanos.

O carro consular parou na altura do número 200. Acompanhada de assessores e agentes franceses, Miterrand saltou do automóvel e entrou no prédio cujos 15 andares tinham sido previamente interditados pelos seguranças franceses. Além da preocupação com a segurança da primeira-dama, o fato indicava que os organizadores da visita sabiam que a Lapa era sinônimo de uma certa *barra pesada*, e por isso tomaram precauções além da conta.

Passavam das 15 horas. O elevador chegou ao oitavo andar. No corredor, os dirigentes da entidade de direitos humanos a receberiam com alegria e esperança estampadas nos seus rostos. A imprensa tentou se aproximar, mas não conseguiu. Rapidamente, Miterrand foi levada para a sala de reuniões da ONG envolvida. Os repórteres pediram para entrar, mas os militantes se desculparam, alegando que a primeira-dama não queria a presença da imprensa no encontro.

Miterrand foi apresentada aos militantes da organização. Uma assessora da comitiva estrangeira – uma mulher loura, de uns 34 anos – traduziu para o francês as expressões de boas-vindas dadas pelos militantes. A primeira-dama se descontraiu e sorriu. Logo em seguida ela seria apresentada às Mães de Acari – Vera, Marilene e Edméia, três das dez mães escolhidas para recepcionar Miterrand, na Lapa.

Na verdade, as Mães de Acari eram o motivo central da visita dela à entidade, controlada por militantes do movimento negro carioca. Miterrand, na França, já tinha ouvido falar da coragem das Mães de Acari em busca dos corpos dos filhos exterminados e ficara pessoalmente tocada pela luta de mulheres pobres em desafiar a polícia e a justiça para chegarem a seus objetivos. Agora, diante das Mães de Acari, ela estava emocionada.

A primeira-dama se sentou de frente para as mães, que estavam ladeadas por mulheres do movimento negro e comunitário. Como todos os lugares na mesa haviam sido ocupados, em torno de 15 pessoas – entre seguranças e diplomatas – militantes do CEAP ficaram em pé, atentos ao encontro entre as Mães de Acari e Miterrand. Após as formalidades, a intérprete francesa, em português, pediu que cada mãe falasse. Uma por uma, as três mães fizeram um relato de suas vidas, contaram como é viver em comunidades carentes, falaram da dor da perda dos filhos e pediram ajuda à primeira-dama francesa para encontrar os corpos dos oito adolescentes e três adultos seqüestrados e mortos.

As mães explicaram ainda que as investigações não se aprofundavam devido ao corporativismo do aparelho policial. Isto porque os principais acusados eram policiais civis e militares que seriam integrantes de grupos de extermínio atuantes na Baixada Fluminense.

A cada versão traduzida para o francês, Miterrand parecia se impressionar e admirar cada vez mais aquelas mulheres pobres, que punham a maternidade como uma moeda forte no jogo político dos direitos humanos, numa sociedade tradicionalmente excludente, racista e violenta. Talvez ela, uma francesa, branca e sensitiva, lembrasse dos tempos de luta contra a ocupação nazista em Paris, durante a Segunda Guerra Mundial, quando ela e o marido, François Miterrand, se tornaram símbolos da luta contra a opressão do regime de Hitler. Os tempos passaram, eles mantiveram as lutas sociais em suas trajetórias e, naquele momento, início dos anos 1990, haviam chegado ao poder. Ela se consagrara como primeira-dama da França, país cultuado pelas elites intelectuais brasileiras.

Chegava a vez de uma representante de um grupo de mulheres negras da entidade discursar durante o encontro. Era um reforço para as falas das Mães de Acari. Era uma fala, de certo modo, mais politizada, em busca de identidade e afinidade com os franceses presentes naquele encontro. Talvez até bem ensaiada para impressionar.

Ao contrário das Mães de Acari, que falaram naturalmente do sentimento de perda dos filhos, a mulher negra escalada fez um discurso mais técnico, mostrando como os marginalizados eram preferencialmente as vítimas do aparelho policial. Ela fez analogias com chacinas anteriores ocorridas no estado e investigadas burocraticamente pela polícia.

Miterrand ouvia atentamente a mulher negra. Ela já havia ouvido discursos semelhantes em outros países terceiro-mundistas que visitava regularmente.

A militante terminou sua fala. O foco voltara para as Mães de Acari.

Chegou, então, a vez de a primeira-dama francesa falar. Ela falou pouco durante o encontro, mas de forma incisiva e determinada. Prometeu apoiar a produção de um livro contando a história das mães e, ao mesmo tempo, convidou-as a participar do Encontro de Mães de Desaparecidos Políticos de 1994, em Paris. Nesse encontro estariam presentes as Mães da *Plaza de Mayo*, que, desde os anos 1970, procuravam por seus filhos desaparecidos durante a ditadura militar argentina. Do encontro iriam participar, ainda, mães que tinham perdido filhos na Guerra da Bósnia, mães indianas, mães russas, enfim, uma gama de mulheres que, em várias partes do globo, tinham uma única proposta: barrar a violência e reencontrar os corpos dos filhos desaparecidos em circunstâncias de extermínio político e social.

Edméia, presente, naquele momento, ao encontro na Lapa, não pôde seguir para o segundo encontro em Paris, conforme veremos adiante, pois seria assassinada em 15 de janeiro de 1993. O grupo, apesar de impactado pela perda de uma de suas mais resistentes integrantes, não temia a ferocidade dos assassinos e continuava a campanha pelo encontro dos corpos no Rio de Janeiro, fazendo incursões nos redutos – cemitérios clandestinos – dos grupos de extermínio da Baixada Fluminense.

No início de 1994, Vera e Marilene receberam o convite formal para participarem do encontro de mães de desaparecidos em Paris. Para elas fora, em última análise, uma espécie de consagração íntima da luta que vinham mantendo no Rio de Janeiro, e que emocionava o Brasil. Isto porque os brasileiros já torciam francamente para que as Mães de Acari encontrassem os corpos dos filhos e que a justiça punisse os assassinos.

Ao prepararem a bagagem para a viagem a Paris, resolveram levar diversos documentos sobre a violação dos direitos humanos pelos funcionários do governo brasileiro, um livro sobre suas trajetórias e informações sobre o Complexo de Acari. No embarque, no Aeroporto Internacional do Galeão, as despedidas dos parentes e dos militantes de direitos humanos deram o tom da partida – muitas recordações, pedidos para que se saíssem bem nos debates e por dias melhores nesse Brasil injusto com as classes populares.

CAPÍTULO III

Paris, Viena, Londres...

Em Paris, as Mães de Acari mantiveram contato direto com as Mães de Desaparecidos da Bósnia, Índia, França, Argentina e de outras partes do mundo. Durante três dias, sob a liderança de Danielle Miterrand, as mulheres discutiram os rumos do movimento feminino de defesa dos direitos da criança e do adolescente, analisaram formas comuns para atuarem em nível global, refletiram sobre a conjuntura da época em seus países e prometeram continuar buscando os corpos dos filhos, pressionando, assim, cada vez mais, as autoridades públicas.

No final do encontro, todas as mães produziram um documento sobre seus casos específicos, mostrando em que grau estava a situação jurídica e policial. No documento brasileiro, além de se contraporem às injustiças e ao extermínio de jovens, as mães chamaram atenção para o assassinato de Edméia, uma das líderes do grupo, quando buscava informações sobre o paradeiro dos filhos. Depois, o documento final do encontro foi entregue à secretaria-executiva da ONU, que o redistribuiu, com a chancela da organização mundial, a milhares de organizações de direitos humanos espalhadas pelo mundo e aos governos das mães que estiveram no encontro de Paris.

Organizada por Miterrand, a reunião internacional de mães dos desaparecidos acabou aproximando trajetórias de vida comuns a mulheres de países e culturas diferentes. Marilene diz que entendeu por que a dor de mãe é igual em qualquer país. "Eu e Vera, e todas aqueles mulheres, tínhamos o mesmo pensamento e sentimento: como localizar os corpos de nossos filhos mortos pelas polícias ou forças paramilitares de cada país?", lembra ela.

"Foi muito importante aquele encontro de Paris, pois nós nos sentimos referendadas por uma instância mundial. Enquanto a gente não tinha apoio dos organismos públicos do Brasil, lá foi diferente. Participamos da elaboração daquele documento, o que para nós é m otivo de grande orgulho. Foi um documento elaborado por todas as mães presentes ao encontro", relembram Marilene e Vera.

A viagem a Paris teria uma nova edição. Dessa vez, o convite partira da Anistia Internacional, entidade de grande prestígio mundial, sediada na Inglaterra e com filiais em diversos países. A entidade luta pelo cumprimento dos direitos humanos em todo o mundo. A Anistia Internacional convidara as Mães de Acari para fazer um *tour* político, em 1996, por seis países europeus (Itália, Suíça, Dinamarca, Alemanha, Inglaterra e Áustria). Com um roteiro previamente traçado por essa famosa organização de direitos humanos, o objetivo era buscar apoio na Europa para criar condições materiais de o movimento das Mães de Acari continuar atuando para encontrar os corpos dos filhos e, assim, obter financiamento para um projeto mais amplo, isto é, fazer um levantamento do número de crianças e adolescentes desaparecidos no Brasil. E, ao mesmo tempo, garantir apoio para os parentes das vítimas.

O suporte dado pelo Estado a vítimas e seus parentes no Brasil sempre foi precário. As Mães de Acari sabiam disso, pois, além de perderem uma militante do grupo de forma trágica, elas recebiam muitos recadinhos com ameaças de morte por continuarem a denunciar a inoperância da polícia em investigar o caso. Como o movimento das mães suscitara o ressurgimento de outros casos graves de desaparecidos no Brasil, elas acharam que deveriam dar apoio aos novos grupos de mães que não sabiam como encaminhar as queixas e temiam chegar às portas das delegacias. Na verdade, as Mães de Acari – com o *tour* de 20 dias por países europeus – queriam não só fixar a marca do grupo em setores estratégicos de direitos humanos nos países visitados, como também estimular no Brasil, após sua volta, o surgimento de organizações de mães de vítimas do aparelho policial e dos grupos de extermínio. A intenção mesmo era estimular as novas militantes a perderem o medo da polícia e, ao mesmo tempo, denunciarem à opinião pública que a morte de pobres era regra, e não exceção, num país tradicionalmente injusto contra as classes populares. Estavam, neste sentido, interessadas em desenvolver um projeto social para evitar que os menores das favelas de Acari e de Vigário Geral, por exemplo, entrassem em contato com as drogas, um mercado perverso de trabalho em evidente ascensão nas favelas, onde os "trabalhadores" tinham vida curta e limitada.

Na época em que se preparavam para a *turnée* européia, Vera e Marilene estavam com a corda toda. Dias antes, tinham sido recebidas pelo então Ministro da Justiça, Nelson Jobim. Ao então ministro da Justiça do governo Fernando Henrique Cardoso, as duas mães fizeram um relato detalhado das mortes por encomendas no Rio de Janeiro, das dificuldades de os policiais serem investigados em função do corporativismo, enfim, da barreira que determinados setores do aparelho policial impõem ao apurar burocraticamente crimes contra pobres em todo o Brasil. No entanto, elogiavam desempenhos solitários de policiais, tais como o coronel da PM Valmir Alves Brum e do detetive Ivani Cardoso, da antiga Comissão Especial de Investigação de Crimes de Extermínio da Polícia Civil, além do comportamento de Tânia Maria Salles Moreira, na época, promotora da 4ª Vara Criminal de Duque de Caxias, na Baixada Fluminense, que vinha aumentando o número de condenações de integrantes de grupo de extermínio na região. Estas pessoas investigaram a fundo o caso, ao lado das mães, durante alguns anos.

Esses exemplos de policiais e promotores que atuavam para o benefício público eram sempre ressaltados em entrevistas, debates e seminários dos quais elas participavam, mostrando, por conseguinte, que nem sempre o aparelho policial brasileiro era integrado por homens insensíveis aos dramas dos pobres.

O ministro da Justiça, conhecedor do trabalho das mulheres de Acari, ouviu-as atentamente, concordando até com os diagnósticos criminais feitos por elas, naquele momento. Conhecedoras do jargão do direito processual penal, já não eram como as mulheres pobres em geral que, de certo modo, encaravam as autoridades com receio. Elas, agora, eram mulheres formadas na luta social cotidiana, conhecedoras do jogo do poder que envolve os mecanismos para manter os privilégios em diversas instâncias da sociedade civil. Era como se elas estivessem confirmando – com certa autoridade – toda a situação político-social das comunidades pobres do Brasil, completamente órfãs da ação social dos governos estadual e federal contra aqueles que queriam destruí-las em nome apenas de um certo ordenamento jurídico-institucional.

Ainda na conversa com Nelson Jobim, Marilene dissera que o então governo do presidente Fernando Henrique Cardoso deveria ter cuidado com as administrações estaduais de segurança pública de seus correligionários. Citou o caso do então secretário estadual de Segurança Pública do Rio de Janeiro, general do Exército Nilton Cerqueira, da gestão do governador Marcelo Alencar, do PSDB. Cerqueira havia sido o militar que encurralara e matara o guerrilheiro Carlos Lamarca no sertão baiano, em meados dos anos 1970.

Agora, o militar de cabelos brancos no comando da segurança pública do Rio de Janeiro implementara a chamada "gratificação faroeste", isto é, quanto mais os policiais se destacassem no combate das ruas e morros no chamado "cumprimento do dever", teriam uma "gratificação especial", motivo de protestos de diversos setores da sociedade civil, pois implicava, na verdade, a eliminação pura e simples de marginais sem que a lei fosse respeitada.

No governo de Marcelo Alencar, centenas de moradores foram mortos pela polícia sem que se comprovasse que eles eram criminosos, como algumas matérias jornalísticas do período puderam demonstrar.

Antes da viagem à Europa, Marilene e Vera se reuniram a sós e trocaram informações a respeito do impacto que este *tour* político teria para elas e para o movimento de direitos humanos no Brasil. Na verdade, era a segunda viagem internacional do grupo, levando uma temática muito pesada na bolsa, isto é, o extermínio de menores no Brasil. Dessa vez, esta temática seria debatida para seis países europeus. Este fato – a morte de crianças e adolescentes por grupos de extermínio no Brasil – repercutia escandalosamente no exterior. Os europeus, em particular, não conseguiam admitir que o Brasil pudesse estar matando crianças em função de supostas participações em crimes. Aliás, não admitia que o país não tivesse um sistema penal que julgasse com eqüidade os crimes praticados. Em vista disso, as duas resolveram, por seu turno, estabelecer uma estratégia de ação na Europa. Ao final da viagem, as duas teriam que fazer um relatório para a Anistia Internacional. Então, após o encontro do dia, em geral em sedes de entidades de direitos humanos, universidades e organismos públicos, as duas, à noite, analisavam a repercussão de suas falas para as diversas platéias que foram vê-las.

"A solidariedade daquelas pessoas vimos poucas vezes no Brasil. As pessoas pegavam em nossas mãos, faziam carinho e se ofereciam para nos defender e ajudar", contou Marilene. Elas se hospedaram nas casas de militantes, em cada cidade onde passavam, e isso fortalecia os laços entre os anfitriões e as visitantes.

Vera lembra que, antes do retorno ao Brasil, a Anistia Internacional e as diversas entidades envolvidas na visita das Mães de Acari adotaram a seguinte estratégia: cada nação apadrinharia um dos onze desaparecidos de Acari. Isso se refletiu em milhares de cartas vindas dos Estados Unidos, da Europa e do Japão, cobrando, das autoridades federais e estaduais, a solução para o Caso Acari. A pressão internacional chegou ao ponto de determinados organismos públicos receberem 150 cartas por dia.

"Eu me lembro que o Japão ficou responsável por cobrar o sumiço de Luiz Henrique, o filho da Edméia. O pessoal mandava carta para o Procurador-Geral de Justiça, para o chefe da Polícia Civil, para o Comandante da PM e para o governador do Estado. Essas cartas vinham com cópia para a gente. Isso incomodou, pois o Caso Acari não ficou esquecido", recordou Vera.

Para as Mães de Acari, a viagem à Europa não foi somente motivo de articulação política internacional. Nos seis países visitados, em 1996, puderam perceber as diferenças culturais dentro de um certo esquema de civilização/barbárie: "Lá, o cara que comete um crime, seja o que for, vai pagar. Aqui, não. Em muitos casos, o assassino é protegido. A criança que desaparece na Europa vai ser encontrada, morta ou viva. Lá, nos perguntavam por que tinham feito aquilo com os filhos da gente, e por que não tinham sido tomadas providências para punir os assassinos", explicou Vera.

A viagem a Paris, capital da França – e a seis países europeus – transformou a atuação das mulheres de Acari. Elas não têm mais as portas fechadas como acontecia no início do caso, quando alguns policiais tentaram rotulá-las de estar a serviço dos traficantes. "Antes, você chegava a um gabinete e não era recebida. Chegava em outro e diziam que não atendiam mães choronas. Houve muita falta de humanidade e respeito no início com as mães. Antigamente, os parlamentares só queriam ouvir os militantes da entidade de direitos humanos. Isso acontecia porque éramos pobretões e não tínhamos esclarecimento", afirmou Vera.

"Hoje, sabemos que os parlamentares são obrigados a nos receber, eles estão ali para nos servir. Então, nisso a Anistia Internacional nos ajudou muito, nos deu orientação de como proceder para obter nossos direitos. Passamos a ser respeitadas e entramos em qualquer lugar", lembra Marilene.

Vera diz ainda que havia integrantes do grupo que tinham medo de entrar na Assembléia Legislativa e na Câmara dos Vereadores: "As mães ficavam confusas, pois desconheciam seus direitos. Elas diziam assim: 'puxa, a gente vai para a Câmara de Vereadores... como é que a gente vai entrar lá? A gente vai poder entrar?' Ora, naquele momento não tínhamos esclarecimento e isso rolava. Hoje, não. Graças a Deus, embora não tenham estudo, elas sabem que, se acontecer alguma coisa, elas sabem a quem procurar, elas vão lutar. E isso para a gente foi muito bom, pois impõe respeito."

CAPÍTULO IV

O Grito e o Silêncio

No início de janeiro de 1993, Jorge da Silva Vieira, detento do complexo penitenciário Hélio Gomes, no Estácio, Zona Norte do Rio de Janeiro, enviou carta para Edméia da Silva Eusébio, 47 anos, dando conta de que soubera no presídio onde estariam os ossos de seu filho Luiz Henrique, o Guga, 16 anos, e de mais 10 do Caso Acari. Jorge pediu que ela o procurasse no presídio. Edméia, uma conhecedora íntima das codificações da favela, achou que suas investigações paralelas – juntamente com as de outras mães – finalmente haviam dado certo. Jorge era um ex-morador de Acari, que estava cumprindo pena por roubo no Hélio Gomes. Lá dentro sabia-se muita coisa do mundo de fora das grades, principalmente quando o assunto envolvia fatos de grande repercussão como era o Caso Acari.

Edméia, excitada com o fato e emocionada por finalmente ter a chance de enterrar o filho, marcou sua ida ao complexo Hélio Gomes para 15 de janeiro, no início da tarde. Segundo uma das Mães de Acari, na verdade, a alegria de Edméia era muita intensa. Numa reunião em sua casa, às vésperas de sua ida ao presídio da Frei Caneca, Edméia chegou a dizer ao coronel Brum, e a mais cinco mães, que estava chegando ao fim os longos dias sem notícias dos corpos dos jovens e adultos. Ela falava com a convicção de quem recebera uma informação fundamental para quebrar o mistério do paradeiro dos corpos. Ou seja, desta vez, a busca das mães teria um final, pois, a partir dali, elas parariam com aquela peregrinação pelos mais variados lugares ermos da Baixada Fluminense.

Pela manhã do dia 15 de janeiro, data na qual iria ao presídio encontrar-se com Jorge Vieira da Silva, ela, juntamente com mais quatro mães de Acari, participara de uma reunião, em Nova Iguaçu, no escritório do advogado Wilman Silva Andrade, contratado para defender as mães por uma entidade de direitos humanos. Durante a reunião, o advogado alertara as mães que o caso agora ficara mais difícil após o depoimento por carta precatória que Edméia prestara, dias antes, na 33ª Vara Criminal do Rio de Janeiro, onde fazia denúncias do envolvimento de policiais civis e militares na chacina que vitimou os adolescentes de Acari. O depoimento de Edméia fora enviado para a única Vara Criminal de Magé, que investigava o seqüestro e o desaparecimento de 11 pessoas no sítio de dona Laudicena do Nascimento, em Suruí. Laudicena era mãe e avó de dois dos onze desaparecidos. No depoimento, Edméia pedira segurança de vida, pois quatro dias antes fora ameaçada de morte, em Coelho Neto, próximo à favela onde residia.

Depois de almoçarem em Nova Iguaçu, Edméia acabou confessando para Vera que não voltaria ao escritório de Wilman, pois tinha algo muito importante para fazer no Rio de Janeiro. "Eu tenho que ir ao presídio porque estou fazendo uma investigação paralela lá", disse ela para a amiga. Segundo Marilene, naquele dia Edméia estava muito calma: "Eu tinha muitas divergências na forma como ela concentrava as informações sobre o paradeiro dos onze, mas naquele dia, estranhamente, nós nos entendemos bem em Nova Iguaçu. Conversamos muito, abordando diversos ângulos do caso", lembra Marilene.

Edméia, então, por volta das 14 horas, se despedia do grupo de mães e tomava o destino da estação ferroviária. Ali, ela pegou um trem em direção à Central do Brasil. Depois de uma viagem de mais de uma hora, ela desceu de um dos vagões, atingiu a Avenida Presidente Vargas e tomava a direção do Estácio. Lá, ainda enfrentaria uma extensa fila de parentes – majoritariamente negros – de detentos que aguardavam a liberação dos guardas para entrar no presídio e se encontrarem com seus pais, irmãos, cunhados, maridos, filhos ou sobrinhos presos. O sol do verão castigava os rostos dos homens e mulheres enfileirados na porta do presídio.

Edméia entrou, e se encontrou com Jorge. Foram quase duas horas de conversa. Ela deixou o presídio acompanhada por Sheila da Conceição, de 25 anos, que conhecera dentro do sistema prisional naquele dia. Ao que tudo indica, ela saíra do Hélio Gomes mais autoconfiante.

As duas estavam caminhando pela Rua Júlio do Carmo, no Estácio, e não perceberam que um carro Parati as seguia. Próximo à Rua Laura de Araújo, dois homens saltaram do carro e se aproximaram das mulheres. Quando as alcançaram, atiraram na cabeça de Edméia, que caiu. Sheila correu, mas foi alcançada e também morta a tiros. Calmamente, os homens voltaram para o Parati e fugiram sem que fossem importunados. Uma moradora de Acari, Sônia Lourenço, que iria se encontrar com Edméia na saída do presídio assistiu ao crime e voltou correndo para a comunidade. Lá, informou as outras mães o que havia acontecido. Duas mães de Acari, então, foram de Acari, a pé, à casa de Marilene, em Coelho Neto.

"Marilene, mataram Edméia agora no Centro", disse Joana Euzilar, acompanhada de Ana Maria.

"O quê? Como foi isso?"

Joana, transtornada, aos prantos, entrou na casa da amiga e deu mais alguns detalhes. Marilene, então, pegou o telefone e avisou à entidade de direitos humanos que vinha dando proteção jurídica às mães sobre o assassinato. Os dirigentes pediram que todos os militantes presentes naquele momento na entidade paralisassem os trabalhos e que comparecessem urgentemente à sala de reuniões. Ali, já desconfiados de que algo perverso havia acontecido, os militantes tomaram conhecimento do assassinato de Edméia, uma das mais atuantes Mães de Acari. As pessoas custaram a acreditar. Mas logo se recuperaram e, sob tensão, começaram a montar estratégias para atuar no caso.

Enquanto a imprensa e a Anistia Internacional eram municiadas com informações sobre a morte de Edméia, o militante Arcélio Faria José e o Wallace, estagiário de Direito, se encarregavam de ir até o local do crime para fazer levantamentos e tomar providências, como transportar o corpo de Edméia para o Instituto Médico Legal. A única referência que eles tinham é que Edméia havia sido morta próximo à Central do Brasil.

Os dois, já na Rua da Lapa, pegaram um táxi em direção à Central do Brasil. Historicamente, as imediações daquela estação terminal de trens suburbanos, cujo nome oficial era Dom Pedro II, em homenagem a nosso último imperador, era o universo do *bas fond* carioca, com movimento incessante de ambulantes, prostitutas, punguistas, gigolôs, meninos de rua e outros deserdados da cidade.

Saltaram do táxi em frente à Central do Brasil, pelo lado da Presidente Vargas, que, naquele momento, apresentava uma intensa movimentação de pedestres e carros. A população saía do trabalho para voltar de trem para suas casas. Arcélio sentiu-se à vontade, pois conhecia detalhadamente aquela região – já fora maquinista da Central do Brasil –, e era amigo de muitos camelôs que faziam ponto ali. Perguntou para alguns ambulantes se sabiam de um corpo de mulher negra, de mais ou menos 50 anos, morta a tiros naquelas imediações, há pouco tempo. Ninguém sabia de nada. Resolveram, então, buscar pistas do crime na Associação dos Maquinistas da Central do Brasil.

"Wallace, eu conheço alguns sindicalistas da Central. Vamos lá para ver se a gente descobre alguma coisa", disse Arcélio para o estudante de Direito.

Na entidade, Arcélio consultou antigos companheiros que também desconheciam o fato, mas ficaram à disposição do militante para serem consultados em outras ocasiões sobre o assunto.

Os dois voltaram para a Avenida Presidente Vargas e fizeram mais indagações aos ambulantes. Obtiveram novas respostas negativas. Um rapaz, que observava Arcélio e Wallace, aproximou-se e disse que soubera, por alto, que dois corpos de mulheres estavam em frente à estação de metrô da Praça Onze, próxima à Central. Os militantes agradeceram e correram em busca de um táxi até a Praça Onze. Seus corações davam saltos descontrolados quando chegaram ao local. Era ali mesmo. Transeuntes olhavam para o corpo de uma mulher negra, numa enorme poça de sangue.

Arcélio aproximou-se mais do cadáver. Perto do corpo viu dois chinelos. Reconheceu-os. Eram de Edméia. O sangue fazia curvas irregulares no chão. A cabeça da mulher fora destroçada a tiros, irreconhecível. Arcélio segurou a dor e a revolta. Era ela, sim.

"Você é parente desta mulher?"

Arcélio se voltou. A pergunta viera de um rapaz que estava atrás dele. Não respondeu, mas o rapaz percebeu que Arcélio tinha alguma coisa a ver com a mulher assassinada. O rapaz contou que Edméia e a outra mulher tinham sido seguidas por um carro Parati, com dois homens dentro.

"Tem outro corpo de mulher lá na frente. Acho que é a filha dela", continuou o rapaz. "Ela tentou correr do cara, mas ele correu atrás dela, municiando o revolver na frente de todo o mundo e matou a outra."

Arcélio sentiu um novo arrepio no corpo. Não podia ser Rosângela, a filha de Edméia, nem outra Mãe de Acari. Não podia ser. Era demais. Resolveu verificar quem era a outra mulher também assassinada. Ao chegar ao local, acompanhado por Wallace, ele não reconheceu a mulher morta, depois identificada como Sheila da Conceição, 25 anos, que fizera amizade com Edméia no presídio.

Eles resolveram se afastar do local. Os pedestres, mesmo assim, contavam mais detalhes. No momento do crime, disseram, estava sendo realizada uma blitz na Avenida Presidente Vargas, perto da estação do metrô Praça Onze. Os próprios guardas do metrô tinham assistido ao assassinato sem se manifestarem.

De um orelhão, eles telefonaram para a entidade de direitos humanos, dando conta de que tinham localizado o corpo de Edméia. Disseram que outra mulher tinha sido assassinada, mas não sabiam quem era. Resolveram, então, ficar discretamente no local, até a chegada da viatura do Instituto Médico Legal.

Quando regressaram à entidade, havia muito tumulto. Os telefones e faxes estavam todos ocupados, todos davam informações sobre a morte de uma das mulheres do grupo Mães de Acari. Arcélio e Wallace fizeram um detalhado relatório para os militantes sobre a incursão deles no Centro para localizar o corpo de Edméia. A entidade já informara à imprensa a hora e o local do sepultamento. Vários parlamentares dos âmbitos federal, estadual e municipal foram contatados e confirmaram presença no sepultamento de uma das Mães de Acari. O caso ganharia, assim, uma repercussão política pouco comum na cidade, e com destaque em outros países da Europa e América Latina. No final daquele ano seria realizada a histórica Conferência Mundial de Direitos Humanos, em Viena, na Áustria, e o Caso Acari seria um dos mais focados pelos delegados brasileiros.

Após o sepultamento de Edméia, que se transformou num ato político de grande comoção para a comunidade de Acari, a polícia foi instada a agir, pois o caso repercutira internacionalmente. Nas mídias nacional e internacional, a morte de Edméia era uma prova cabal da inexistência de uma política de segurança de proteção aos mais fracos, como anunciara em sua posse o governador socialista Leonel Brizola, pela segunda vez no cargo de chefe do executivo estadual.

A polícia, então, começou a chamar para depor pessoas próximas de Edméia. A primeira foi Rosângela Silva Eusébio, filha da morta, a mais velha da família e irmã do desaparecido Guga. Ela disse que ela e sua mãe foram ameaçadas de morte pelo taxista Carlos Roberto Lafuente Freire, o Beto, que tinha levado os rapazes e moças para o sítio de Suruí. Lafuente era considerado informante da polícia e motorista dos assaltos a caminhões de carga praticados por três dos onze seqüestrados em Magé. Anteriormente, Edméia também havia acusado de participar da chacina Ubiratan Marcos Cunha, o Bira, e Rubens Ramos da Silva, o Jacaré, moradores de Acari, que tinham divergências com Edméia e seriam informantes da polícia.

Também entrava na lista de suspeitos de Edméia o famoso detetive João da Silva Bistene, o Peninha, que se apresentava em programas de rádio AM como Bill Kid. Após aposentar-se, o famoso Bill Kid foi morar num sítio em Magé, próximo ao local onde a Kombi que teria transportado os rapazes e moças na noite de 26 de julho de 1990 fora encontrada.

Já Beatriz Gonçalves e Sônia Maria dos Santos, amigas de Sheila, a outra morta, disseram na 6ª delegacia, na Praça Onze, que a vítima não tinha hábito de ir ao presídio. No entanto, entre documentos encontrados com Sheila estava um cartão de visitas do preso Estrogério Gomes de Jesus, condenado por tráfico de drogas e que cumpria pena no complexo Hélio Gomes. Carlos Luciano da Rocha, ex-marido de Sheila, por sua vez, disse na polícia que ele e a ex-mulher estavam separados e não sabia o que ela fora fazer no presídio. Os policiais ouviram outras mães do grupo para fazer um confronto de depoimentos e localizar uma pista que pudesse levar aos assassinos de Edméia.

CAPÍTULO V

Os Suspeitos

Quem teria razões para matar Edméia, uma das mais atuantes Mães de Acari? Após ter tomado os primeiros depoimentos, os policiais se reuniram com o criminalista Nilo Batista, então secretário de Justiça e Polícia Civil. Eles disseram ao secretário que o crime poderia não ter nada a ver com o Caso Acari e sim com as ligações de Edméia com tráfico de drogas. Na ocasião, Batista não aceitara receber em seu gabinete as Mães de Acari, pois estava em divergência política com a entidade de direitos humanos que prestava assistência jurídica às mães.

Na verdade, a versão que justificara a morte de Edméia por ter participação no narcotráfico de Acari não levava a nada. Isto porque a essência do crime estava indiscutivelmente politizada para que qualquer outra versão pudesse dar conta. Afinal, a suposta ligação de Edméia com o narcotráfico seria um dos motivos para que os policiais não cumprissem a lei, ou seja, investigassem um homicídio de uma líder de movimento feminino com força política no exterior.

Esta é uma das vertentes punitivas mais acionadas pela justiça penal brasileira quando se vê diante de crimes contra pobres em nosso país. Ou seja, são crimes com apuração afrouxada e com menos rigor na avaliação de seu mecanismo e, em geral, não sensibilizam o judiciário.

O fato é que, mais à frente, Batista e os policiais civis tiveram que abandonar estas especulações em função do crescimento da força dos grupos de extermínio no Rio de Janeiro. Em geral, quando estes crimes chegam às promotorias criminais, os profissionais do Ministério Público, por "desconhecimento", pedem arquivamento, pois não "encontram" elementos capazes de desvendar o homicídio e, assim, fornecer provas suficientes para sustentar o júri dos acusados na justiça.

Em seguida, a polícia mudou o foco da apuração do caso e conseguiu localizar uma testemunha importante: o guarda do metrô Elias da Conceição, que assistira ao crime e não chegou a intervir para prender os criminosos. Em conversa informal com os policiais, o guarda dissera ter condições de fazer o retrato-falado dos criminosos de Edméia.

Convocado a depor em 22 de janeiro de 1993, Elias da Conceição inesperadamente recuou e disse não ter condições de descrever os assassinos para confecção do retrato falado. Era um golpe profundo nas investigações para a futura punição dos assassinos. Por que Elias da Conceição mudou inesperadamente seu depoimento, já que assistira Edméia ser assassinada? O inspetor Carminatti, da 6ª delegacia, que, na época, conduzia as investigações, resolveu fortalecer a instituição ao dizer para os repórteres que cobriam o caso que o guarda de segurança seria novamente inquirido. Era uma forma dar uma satisfação à opinião pública e uma maneira de pressionar o guarda a confirmar o que sabia. Na verdade, o segurança estava, agora, sob o foco de grupos de extermínio com ramificações em diversas cidades fluminenses.

Elias provavelmente havia sofrido alguma ameaça para voltar atrás em seu depoimento. Talvez tivesse sido ameaçado de morte. Este era o pensamento do inspetor Carminatti, da delegacia da Cidade Nova. Se não fosse isso, quais teriam sido as razões para

Elias da Conceição mudar substancialmente seu depoimento aos policiais? Na verdade, ele, no Tribunal do Júri, caso confirmasse o que havia declarado anteriormente, se tornaria a testemunha fundamental para condenar os assassinos de Edméia.

Outro que deveria ter sido preso, mas estava foragido na época, era o taxista Carlos Alberto Lafuente Freire, o Beto, acusado por Edméia de tê-la ameaçado de morte quatro dias antes de seu assassinato, em Coelho Neto. Alto, negro, usando um bigode bem aparado, 35 anos, Beto tinha sido procurado pelos policiais no ponto de táxi em frente a um supermercado em Coelho Neto, mas não tinha sido localizado. Ele trabalhava no local com um táxi Del Rey. Os taxistas desse ponto se recusaram a informar aos policiais porque Beto estaria faltando ao serviço nos últimos dias. Era uma reação corporativista que deixou os policiais irritados com aqueles taxistas.

Os investigadores suspeitaram então de que o taxista tinha obtido informações privilegiadas sobre o andamento do inquérito e sabia que os policiais estariam em seu encalço. Em vista disso, resolveu não freqüentar mais o ponto de táxi em frente ao supermercado, pois corria o risco de ser preso e fazer confissões imprudentes para os "canas" sobre sua atuação no Caso Acari.

Beto fora quem conduzira parte do grupo de rapazes e moças para se esconder em Suruí. Em Acari, segundo operação da polícia, ele era conhecido como motorista oficial de três adultos do grupo dos onze que praticavam assaltos a caminhões de carga. No relatório entregue pelos policiais ao secretário Nilo Batista, um dos assassinos é descrito como um homem moreno, alto, magro, de bigode aparado e cabelos lisos, 35 anos. Essas características coincidiam com as de Beto. O relatório policial informava ainda a Batista que Edméia e Sheila não chegaram juntas ao presídio, nem mantiveram qualquer contato lá dentro, contradizendo, assim, as primeiras versões do encontro das duas dentro do Hélio Gomes, divulgadas pela 6ª delegacia. O que mais provocou discussões foi a versão final do delegado Jayme de Lima, durante o encontro com Batista. Segundo o delegado, o primeiro depoimento informal do guarda do metrô reforçava a tese de que Edméia seria o segundo alvo, pois a intenção real dos assassinos seria eliminar Sheila da Conceição, que estaria envolvida com tráfico de drogas, e não Edméia, como no início pensaram os policiais.

"Edméia fora eliminada para não servir de testemunha da execução da mulher com quem fizera amizade dentro do presídio", revelou o policial.

Jayme de Lima também não descartara o fato de Edméia ter sido assassinada por estar fazendo uma investigação paralela sobre a morte do filho no complexo penitenciário, junto ao detento Jorge Silva. Neste mesmo dia em que o delegado se encontrara com Batista, as Mães de Acari compareceram a um ato ecumênico na Capela da Universidade do Estado do Rio de Janeiro (UERJ). Entrevistadas pela imprensa, elas pediram agilidade nas investigações sobre a morte da companheira de grupo. Informaram ainda que estariam em breve na Europa para conferências sobre direitos humanos, e que levariam um dossiê sobre o caso, acusando autoridades públicas de conivência.

Elas ficaram revoltadas com a possibilidade de a polícia estar associando a morte de Edméia ao tráfico de drogas, uma decisão investigatória que trazia em si o germe do estereótipo, capaz de tirar os policiais do foco de investigação real: o assassinato de uma das líderes do grupo das Mães de Acari. Para que o caso andasse com maior agilidade, o secretário de Polícia Civil passou as investigações para a então Divisão de Defesa da Vida (DDV), especializada em apurar homicídios. O caso começou a andar mais depressa.

CAPÍTULO VI

Atuação da DDV

Ao entrar em campo, a Divisão de Defesa da Vida (DDV) começou a mostrar serviço. Em 25 de fevereiro de 1993, os policiais prenderam, em Irajá, Mário Luis de Andrade Ferreira, 47 anos, o Mário Maluco, suspeito de ser um dos assassinos de Edméia. O coronel Walmir Alves Brum, na época corregedor geral de Polícia Militar, e os delegados Wilson Machado Velho e Elias Barbosa, da DDV, que assumiram as investigações da 6ª delegacia, chegaram a Mário Maluco por meio de duas testemunhas, cujos nomes, naquela ocasião, tinham sido mantidos em sigilo.

Mário Maluco, amigo de infância de Luiz Carlos Vasconcelos de Deus, o Lula, 31 anos, o mais velho dos onze seqüestrados, tinha a fama de ser informante da polícia e era um dos principais suspeitos de ter participado do seqüestro dos 11 de Acari. Ao pedir prisão preventiva por cinco dias de Mário Maluco, o delegado Elias Barbosa se baseara também na não confirmação do álibi apresentado pelo suspeito. Mário Maluco tinha dito, ao ser interrogado na DDV, que no dia do crime estava trabalhando como caminhoneiro e que havia realizado três entregas de areia no depósito de uma construtora, na Ilha do Governador, vindo de Paracambi, na Baixada Fluminense.

Curiosamente, na entrada daquela empresa não era feito o controle dos caminhões com anotações de placas, o que poderia comprovar a veracidade das informações de Mário Maluco. Os policiais, por isso, disseram, na ocasião, que os horários de carregamento do caminhão e das entregas não conferiam.

Um álibi imperfeito?

Para comprovar a participação de Mário Maluco no assassinato de Edméia, a DDV resolveu reinquirir em 10 de março de 1993 as testemunhas contra o caminhoneiro. Elas voltaram a apontar Mário Maluco como o autor dos tiros que mataram Edméia e Sheila da Conceição. O reconhecimento foi feito durante o sumário de culpa, no I Tribunal do Júri, quando o juiz Marco Aurélio dos Santos Froes interrogou as testemunhas de acusação, dando prosseguimento ao rito judiciário encarregado de punir os assassinos de Edméia, uma das líderes das Mães de Acari.

Houve conseqüências políticas negativas para a imagem da justiça durante o rito. O juiz Marco Aurélio determinou que as faixas e cartazes que as Mães de Acari trouxeram ao Tribunal de Justiça fossem apreendidos, interrompendo, assim, a única forma de protesto popular dentro do tribunal. O juiz teria dito para as Mães de Acari, segundo reportagem do jornal O Dia, de 11 de março de 1993: "Vocês [Mães de Acari] não podem ficar, queiram sair. Aqui quem manda é a lei", entendendo que os protestos desvirtuavam o espírito das leis e da instituição.

Nesta mesma audiência, tinham sido ouvidas cinco testemunhas de acusação contra Mário Maluco: o detetive Jaime Bulcão; o delegado Elias Barbosa, que presidiu o inquérito pela DDV; Wilson Machado Velho, diretor da DDV; e duas testemunhas do crime que não foram identificadas naquele momento por questões de segurança. Machado Velho, em seu depoimento, explicou que o álibi de Mário Maluco poderia estar furado, isto é, porque ele mudou o número de viagens de Paracambi para Ilha do Governador (de duas, passaram para três), e que não havia registro destas viagens na empresa citada por ele.

Atendendo às ponderações da acusação, o juiz finalmente aceitou a denúncia do Ministério Público Estadual contra Mário Maluco, e marcou então seu julgamento para 8 de julho de 1993. As Mães de Acari vibraram e se abraçaram no I Tribunal do Júri, um prédio de estilo neoclássico, na Rua Dom Manuel, na Praça XV. Finalmente, acreditaram que alguém iria ser responsabilizado pelo seqüestro e morte dos onze e pelo assassinato da Mãe de Acari Edméia.

A alegria das mães, no entanto, durou pouco. Levado a júri, Mário Maluco, no entanto, foi absolvido por unanimidade pelos jurados. O promotor Rafael Cesário, famoso no Ministério Público do Rio de Janeiro por ter sido o pioneiro no ataque à máfia do jogo do bicho, pedira estranhamente a absolvição do acusado, anulando completamente a capacidade de punir dos jurados. Ele entendera que a principal testemunha – Sônia Cristina Lourenço – poderia ter se confundido durante o reconhecimento de Mário Maluco. O promotor alegara ainda que o réu não tivera motivos para assassinar Edméia, acabando, desse modo, com as esperanças das Mães de Acari. Ou seja, o promotor entregou de bandeja a absolvição de Mário Maluco.

Esta estratégia não tinha sido combinada com os parentes das vítimas e fora tomada em decisão pessoal do promotor após este fazer uma revisão nos autos do processo dias antes do julgamento. Ou porque ele se convencera da inocência de Mário Maluco nos momentos finais. Este mistério, até hoje, é motivo de discussão entre as mães. Alguns militantes de direitos humanos acham que Cesário pode ter sido ameaçado de morte e, a partir daí, ter mudado de tese durante sua fala no I Tribunal do Júri.

Rosângela, a filha de Edméia, revoltada com a decisão do promotor, foi a primeira a deixar o I Tribunal do Júri, em prantos; foi direto para casa, se consolar com outros parentes. Tinha perdido o irmão e a mãe, e agora não teria "justiça", não veria os assassinos de sua mãe cumprindo pena.

As mães, por sua vez, sentindo a pressão do Ministério Público e as articulações de bastidores para evitar uma punição exemplar no Caso Acari, resolveram contra-atacar, vendo que o julgamento fora definitivamente perdido, com a vitória dos inimigos. Elas, então, ficaram de costas para o juiz Motta Macedo, em protesto contra a leitura da sentença, por volta das 21 horas. O juiz ficara irritado, pois nunca fora tão questionado simbolicamente por mulheres da periferia. Falando alto, ele exigiu um comportamento "civilizado" das mães, que, vestidas de branco, permaneceram de costas para o magistrado.

Marilene, uma das organizadoras do protesto, lembra que, na ocasião, as mães se sentiram desamparadas e descrentes no poder punitivo da justiça: "O juiz ficou indignado quando a gente deu as costas para ele, para o promotor e para os jurados. Ele achou que a gente tinha afrontado a autoridade dele. Nós nos vestimos de branco naquela ocasião porque o branco significa a paz. A gente não estava buscando a guerra, a gente buscava soluções para que as guerras acabassem."

Mário Maluco, por seu turno, se mostrara aliviado ao escutar a sentença de absolvição. Durante a inquirição de Sônia Cristina Lourenço, testemunha de acusação, esta entrara em contradições que facilitaram a absolvição do X-9. Durante o depoimento de Sônia, Mário Maluco ficara sério, sem esboçar reação quando a mulher o acusou de ter matado Edméia. Ao ver o advogado de defesa (Paulo Ramalho, defensor público, o mesmo que defendera o ator Guilherme de Pádua, no caso do assassinato da atriz Daniela Perez, em 1992) manipular informações e macular a história de vida de Edméia, quando disse que ela teria ligação com o narcotráfico de Acari, Marilene ficou revoltada com o jogo de informações que acontece durante um júri em função dos interesses políticos. "De vez em quando, em casa, antes de ter ocorrido o Caso Acari, a gente via pela televisão a manipulação do advogado para favorecer seus clientes em filmes e novelas. Às vezes, o advogado, por ter um bom conhecimento das leis, ele as manipula a seu belprazer para inocentar um assassino. Ele, advogado, sabe muito bem que está defendendo um assassino, mas, por causa de um punhado de dinheiro, vai defender com unhas e dentes aquele assassino e o coloca para fora das grades para matar outras pessoas", revela Marilene.

De acordo com o promotor Cesário, Mário Maluco guardava muita semelhança com o terceiro sargento da PM, Ercy de Freitas Cardoso, preso naquela ocasião após assaltar uma agência bancária no Centro. Investigações de Cesário apontavam ainda, como participantes do assassinato de Edméia, Marinho Néri Sereno, conhecido como Mário Matador, soldado reformado da PM.

Durante o julgamento de Mário Maluco, circulou a versão nos bastidores do júri de que Sônia Lourenço, a principal testemunha contra Mário Maluco, também teria sido ameaçada de morte na véspera do julgamento. Esta versão, no entanto, não foi confirmada oficialmente.

"Se, com um corpo, a justiça não pune, imagine o que acontecerá com as investigações sobre os crimes cometidos contra nossos filhos", avaliou Marilene para os jornalistas que cobriam o julgamento após a absolvição de Mário Maluco, pai de sete filhos e morador de Coelho Neto desde seu nascimento, há 47 anos, na época.

No entanto, um novo promotor do I Tribunal do Júri, que assumira no lugar de Cesário, recorreu da sentença por julgar que ela tinha sido contra as provas dos autos recolhidos pelos policiais da DDV. Esse promotor pediu, então, à segunda instância do Tribunal de Justiça do Estado do Rio de Janeiro, que o julgamento fosse anulado e que Mário Maluco fosse submetido a novo julgamento.

O TJ acatou o pedido do promotor.

Para a segunda frustração das Mães de Acari e militantes de direitos humanos, Mário Maluco fora absolvido pela segunda vez, pois as provas reunidas novamente haveriam sido insuficientes. Agora não cabia mais recurso, e era esta a decisão final da justiça sobre o assassinato de uma das mais atuantes líderes do grupo Mães de Acari.

CAPÍTULO VII

O *Cowboy* Bill Kid

Bill Kid tinha um sonho: ser eleito vereador ou prefeito com os votos dos moradores da praia de Mauá, em Magé. Para tal projeto político, já tinha comprado um horário na Rádio Rio de Janeiro, na Ilha do Governador, no Rio de Janeiro, onde se tornara apresentador de um programa de música sertaneja, direcionado para Magé e regiões vizinhas.

No dia 21 de junho de 1991, às 7h35min, Bill Kid chegou à sede da emissora, onde apresentaria o programa "Rio, Poeira e *Country*". Estava acompanhado da mulher, Denise Marcondes Dutra de Oliveira, e do caseiro de seu sítio em Magé, Claudiomar da Silva. O *cowboy* estacionou sua picape próximo à sede da emissora. A Estrada do Dendê apresentava sinais de um intenso movimento de tráfego em direção ao Centro. Era o momento em que os moradores do bairro se deslocavam para o trabalho de ônibus e de carro.

Bill Kid, usando um tradicional chapéu de *cowboy*, precisaria atravessar a rua, mas tinha que esperar a redução no movimento do trânsito de carros. Tinha tempo, pois o programa só começaria às 8 horas. Foi, então, comprar jornais na banca do outro lado da estrada, um ritual desde a estréia do programa. Outro homem, o PM Felomeno Ferreira Mendes, 31 anos, esgueirava-se próximo à banca, com o olhar tenso. Era a hora. Não podia falhar. Antes que Bill Kid percebesse, abordou-o por trás com uma pergunta banal. Bill Kid não teve tempo de sacar a arma para reagir. O PM, assassino de aluguel, em trajes civis, disparou seis tiros nas costas do *cowboy*. O revólver calibre 45, privativo das Forças Armadas, que Bill Kid carregava no sovaco, e a pistola calibre 38, presa em um dos tornozelos, ficaram inertes. Bill Kid, atraiçoado, desabou no asfalto, numa trágica coreografia.

Claudiomar, caseiro e segurança do *cowboy*, sacou o revólver, e disparou em direção do assassino, que recebeu a proteção de dois homens e uma mulher. Felomeno, que disparou contra Bill Kid, no entanto, foi atingido por um dos tiros dados pelo caseiro, e caiu. As pessoas que lhe davam cobertura conseguiram fugir. O caseiro, então, socorre o patrão, levando-o nos braços para uma clínica próxima, a 100 metros da banca de jornal. Volta, então, à cena do crime e, com a pistola em punho, atira na cabeça de Felomeno, que é estraçalhada.

O dono da banca de jornais some. Alvoroço na Estrada do Dendê, com carros querendo dar marcha ré porque os motoristas temem ser atingidos pelos disparos. São ouvidas sirenes de viaturas policiais. O caseiro de Bill Kid é preso. Bill Kid não consegue resistir aos ferimentos e morre na clínica.

O nome verdadeiro de Bill Kid era João da Silva Bistene, conhecido como Peninha, 40 anos na época, detetive-inspetor afastado da função, com vários processos na justiça, incluindo comando de grupos de extermínio e prática de "mineiras" (extorsão a bandidos). Peninha tinha adotado o pseudônimo de Bill Kid nas apresentações de seu programa radiofônico porque queria se caracterizar como herói do faroeste para os eleitores de Magé. Ele ingressou na polícia em 1974, nomeado para a última categoria da profissão. Aos poucos, foi galgando postos, chegou a detetive-inspetor e começou a trabalhar com delegados de prestígio. No final dos anos 1980, quase foi expulso da polícia – mas sempre readmitido – por interferência dos chefes e de amigos ilustres no judiciário fluminense, que o protegiam das acusações de participação em grupos de extermínio, seqüestro, tortura e espancamento.

Além de outros processos, Peninha respondia, na época de seu assassinato, por crime de lesão corporal contra Antonio Carlos Martins Dias, por tê-lo torturado na cadeia da extinta Delegacia de Vigilância Norte, com o intuito de que a vítima revelasse o esconderijo do traficante Darcy da Silva Filho, o Cy de Acari, que, naquela época, ainda estava vivo.

Pouco tempo depois de ter torturado Antonio Carlos, o comerciante Paulo Roberto da Silva, irmão de Cy, e o deficiente mental Isaías Schmidt de Lima Carneiro foram seqüestrados em Acari e assassinados em Parque São Vicente, em Belford Roxo, na Baixada Fluminense. As investigações apontaram Peninha como o autor do seqüestro. Na época, ele era chefe de investigações da 54ª DP, de Belford Roxo. Dias após o seqüestro dos onze de Acari, em Magé, o nome de Peninha voltou a ser associado à favela de Acari. Coincidência ou não, o policial era proprietário de um sítio, onde criava nove leões, na mesma região onde o grupo de rapazes e moças de Acari havia se escondido da polícia. Segundo comentários, os animais ali costumavam devorar como alimento pedaços de vítimas dos grupos de extermínio de Magé.

De acordo com as denúncias anônimas contra Peninha, ele teria retido os rapazes e moças em seu sítio com a finalidade de pedir resgate aos traficantes de Acari. Era uma "mineira", a especialidade de Peninha. Na época, Ana Maria, mãe de Toninho, um dos onze de Acari, tinha certeza de que o filho estava vivo. "Eu sei que ele está preso em algum lugar de Magé", dizia ela, talvez convicta dos boatos que davam conta de que os rapazes e moças estariam vivos.

Peninha leu nos jornais que estava sendo acusado de participar do seqüestro e da morte dos onze de Acari. Para acabar com as dúvidas em relação ao seu passado, o policial resolveu procurar espontaneamente a antiga Comissão Especial – que investigava crimes atribuídos a grupos de extermínio –, no prédio da Polícia Civil, na Rua Gomes Freire. Os policiais estavam analisando informações que davam conta de que Peninha poderia ter sido a ponte que uniu informantes de delegacia, policiais civis e militares na operação que, na noite de 26 de julho de 1990, tomou de assalto o sítio de dona Laudicena.

O então secretário-executivo da Comissão, Eide Trindade, recusou-se a tomar o depoimento de Peninha, pois, segundo ele, as investigações estavam ainda começando, e era cedo demais para confrontar Peninha com os depoimentos dos favelados. Algumas informações recolhidas pela Comissão Especial indicavam que, inicialmente, os rapazes e moças seqüestrados foram levados para o sítio de Peninha, na praia de Mauá. Depois, os corpos teriam sido esquartejados e servidos aos nove leões que o policial criava no sítio. Um sóbrio relatório dos policiais encarregados de investigar o Caso Acari, endereçado a Eide Trindade, admitia a hipótese da participação de Peninha no seqüestro dos onze. Os exterminadores de Magé, articulados com os policiais do 9º Batalhão de Polícia Militar (Rocha Miranda), Zona Norte do Rio, juntamente com policiais da Delegacia de Roubos e Furtos de Cargas, também teriam participado do crime. Os investigadores, então, analisaram as seguintes características do Caso Acari, comparando-o às ações de outros grupos de extermínio da região: em geral, os matadores de Magé costumavam utilizar carros com placas frias nos seqüestros de deserdados da região, que são mortos seguindo a crença em que seriam representantes da "justiça". Eles praticavam o extermínio com o beneplácito das autoridades policiais e judiciais, de acordo com comentários da época; os dois veículos – Kombi e Fiat – utilizados para transportar os seqüestrados do sítio de dona Laudicena, em Suruí, foram encontrados incendiados dias depois do seqüestro, respectivamente em Magé e Anchieta, este um bairro periférico à Baixada Fluminense, na Zona Norte do Rio. Em seguida, chamou a atenção dos policiais da Comissão Especial o personagem Teté, apontado como um dos chefes de um grupo de extermínio de Magé e amigo de autoridades públicas locais. Por coincidência, Teté, um agricultor, possuía um *box* para revenda de produtos agrícolas na Ceasa – uma central de abastecimento de hortifrutigranjeiros – na Avenida Brasil, próximo à favela de Acari.

Apontado como parceiro de Teté em investidas criminosas na região rural de Magé, o comerciante Clovis Rosário de Souza, 39 anos na época, foi detido em 13 de setembro de 1990 por policiais civis. Clóvis, ex-dono de pedreira, estava de posse de uma espingarda Rossi e cartuchos intactos, que entregou aos policiais. Ele contou ao ser interrogado que a espingarda Rossi encontrada com ele pertencia a Jonair Becker Bettecher, dono da empresa Lajes Santa Lúcia, sendo utilizada pelo vigia da empresa. Clóvis negou que tivesse participado do seqüestro dos onze, mas disse que conhecia o agricultor Teté e Peninha ou Bill Kid. Informou ainda que Peninha tinha sido seu cliente na antiga pedreira da família, localizada na Estrada da Conceição, em Suruí. Admitiu também que o soldado Cunha – acusado de ser um dos Cavalos Corredores que extorquiu alguns integrantes do Caso Acari – tinha trabalhado no Destacamento de Policiamento Ostensivo (DPO), da Polícia Militar, em Suruí.

Era justamente o depoimento que faltava para os investigadores: todas as suas teses estavam sendo corroboradas pelos interrogados, ou seja, a chacina contra os 11 de Acari fora realizada por um consórcio de policiais militares e civis ligados aos grupos de extermínio de Magé, com participação, inclusive, de PMs do Rio de Janeiro, que já tinham trabalhado no DPO de Suruí.

Quem também forneceu boas informações à polícia sobre os grupos de extermínio de Magé fora o comerciante José Maria Moreira Belo, na época com 44 anos, que se encontrava preso, em 1991, na 69ª delegacia, em Magé, acusado de ter sido o mandante do assassinato de duas pessoas, cinco dias depois do seqüestro do grupo de Acari. Segundo ele, Teté morava com a mãe Hortência num sítio chamado Santa Margarida. O sítio, segundo José Maria, era freqüentado pelo então deputado estadual Jorge Leite (PMDB) e por Renato Cozzolino, então prefeito de Magé. Pressionado pelos policiais, José Maria "abriu o bico": "Um colega de cela me confidenciou que Peninha e um tal de Diniz estavam envolvidos no sumiço dos 11 garotos do sítio de dona Laudicena. Teté também poderia estar envolvido."

A repetição do nome de Teté nos depoimentos tomados pela polícia civil fez os detetives mudarem o foco das investigações por alguns momentos. Passaram, então, a investigar a vida do agricultor Teté. Descobriram, de cara, que a família de Teté dispunha de prestígio político na região. Apoiado neste prestígio, Teté aproveitava para implantar o terror em Magé, rivalizando com Peninha, também considerado um dos xerifes mais temidos do município à época.

Ninguém queria bater de frente com Teté, pois tinha a fama de ser chefe de grupo de extermínio da região, cujo apelido era Terror. Além disso, ele era chefe de segurança do Suruiense Futebol Club, funcionário da Souza Cruz e dispunha de uma carteira de oficial de justiça *ad hoc* da comarca de Magé. Com tal currículo, a população de Suruí temia Teté.

Em meados de 1992, os investigadores do Caso Acari já dispunham de informações concretas para concluir que os 11 haviam sido mortos numa ação integrada por policiais civis, militares e exterminadores de Magé. Fora, neste sentido, uma autêntica ação de criminalidade intermunicipal. Os corpos estariam enterrados numa pedreira ou sítio de Peninha. Os policiais do Serviço de Homicídios da Baixada, que substituíram a antiga Comissão Especial, conseguiram na justiça um mandado de busca e apreensão para vasculhar a firma Pedras Decorativas e Granito Ltda., na Estrada Rio-Magé, BR-464, Km 127, de propriedade de Clóvis Rosário de Souza.

Em depoimento anterior, Clóvis negara qualquer envolvimento com grupos de extermínio da região, embora seu nome aparecesse como assassino em testemunhos de pessoas que não podiam ser identificadas por questões de segurança.

Na revista, à empresa de Clóvis, realizada em 6 de maio de 1992, os policiais ficaram assustados com o que encontraram: quatro espingardas, três revólveres, um facão, centenas de balas de diversos calibres intactas e deflagradas, carregadores de pistola, diversos elementos químico-explosivos (pólvora, chumbinho, espoleta) utilizados na fabricação caseira de armamentos, e carteiras funcionais frias de associações de policiais e detetives particulares, uma delas da Scuderie Le Cocq, acusada de ser ligada a grupos de extermínio do Rio e do Espírito Santo.

Os policiais ficaram com a pulga atrás da orelha: por que um "pacato" comerciante de Magé teria todo aquele arsenal em sua empresa especializada em pedras decorativas? Para os policiais, parecia clara, naquele momento, a comprovação de uma das teses da gênese dos grupos de extermínio na região: a participação de pequenos comerciantes financiando a mão-de-obra do extermínio.

A segunda investida policial, nove dias depois, coordenada pelo Departamento de Polícia da Baixada Fluminense, contou com a participação de policiais de duas delegacias da região, corpo de bombeiros, peritos da polícia técnico-científica, o serviço reservado da PM e até um helicóptero. Os policiais tinham outro mandado de busca e apreensão para vasculhar o sítio de Peninha, assassinado meses antes. Na operação, não faltaram cães farejadores especializados na caça de ossadas humanas trazidos da Companhia de Cães da Polícia Militar, de Olaria.

Ao chegarem ao sítio São Jerônimo, de propriedade de Peninha, as equipes se depararam com o abandono da propriedade. O único sinal de vida vinha de dois leões famintos. O terceiro leão fora encontrado morto por inanição, nos fundos do sítio. Os dois animais sobreviventes foram levados para a Fundação Rio Zôo, que administra o Jardim Zoológico Municipal no Rio de Janeiro, em São Cristóvão. A ação continuou em morros, charcos, pedreiras e matagais de Magé. Esses locais tinham sido vasculhados também pelas mães sem resultado positivo. Após demoradas escavações e buscas pelo local, a frustração tomou conta dos policiais: nenhuma ossada foi localizada. A esperança fora, então, transferida para as ossadas, provavelmente humanas, encontradas dias antes no bairro Bongaba, em Magé. Mais uma frustração. Segundo o laudo do Instituto Médico Legal, as ossadas eram de animais.

Os investigadores, então, resolveram abrir um leque de hipóteses: os corpos poderiam ter sido sepultados como indigentes em algum cemitério de Magé? Que relação teria Peninha (e seu sítio) com o Caso Acari? De que forma os exterminadores deram fim aos onze corpos? Decidiram "apertar" funcionários dos cemitérios de Magé para obter melhores informações sobre sepulturas novas.

Os policiais ficaram sabendo que Peninha tinha mantido relações amistosas com os funcionários do cemitério municipal de Bongaba, em Magé. Peninha era constantemente visto no local acompanhando enterros a cavalo, no melhor estilo Bill Kid. Ele alegava que era candidato a vereador, por isso queria fixar sua imagem pública junto ao eleitorado.

Por outro lado, as investigações sobre o assassinato de Bill Kid, na 37ª delegacia, na Ilha do Governador, renderam informações importantes para os policiais que investigavam o Caso Acari: os policiais da Ilha revelaram para seus colegas da Baixada Fluminense que, antes de morrer, Peninha tinha solicitado à administração do cemitério a reserva de seis sepulturas, pois, dissera ele, pretendia enterrar ali todos os seus parentes. Ocorre que Peninha morava apenas com a mulher e dois filhos menores, sendo estes seus únicos parentes em Magé, segundo moradores da região.

A essa altura das investigações, os policiais já trabalhavam com a hipótese de que os três integrantes do grupo dos onze (envolvidos com o roubo de caminhões de carga na Avenida Brasil) tinham negociado suas liberdades com os exterminadores e teriam sido soltos. Os restantes teriam sido mortos como queima de arquivo e enterrados num cemitério clandestino ou oficial de Magé. Para os investigadores, o cemitério provável onde os seis haveriam sido enterrados era o municipal de Bongaba.

Na época, o então coveiro João Batista da Silva, 45 anos, confirmou que, um mês antes de ser assassinado, Peninha reservara seis sepulturas para parentes. Na verdade, como informara o coveiro, ele fora o único da família a ser enterrado no cemitério: "Eu nunca vi alguém ser enterrado aqui sem documentos", disse, ao ser interrogado pelos policiais.

Antônio Leandro Silva, 37, administrador do cemitério, também negou que tivesse autorizado sepultamento de pessoas sem documentos. Os policiais, então, solicitaram que ele exibisse o registro de sepultamentos ocorridos entre 26 de julho e 6 de agosto de 1990. Este período tinha importância especial porque algumas investigações apontaram que os 11 chegaram a estar vivos neste intervalo, nas mãos dos exterminadores, que queriam obter dinheiro dos traficantes de Acari para libertar os reféns.

Leandro pediu desculpas e disse que lamentavelmente não poderia fornecer os documentos, porque os mesmos tinham sido destruídos num incêndio acidental nos arquivos da administração do cemitério. O acidente, segundo ele, fora provocado por uma pessoa que, em outubro de 1991, atirara, sem querer, um palito de fósforo nas pastas do arquivo, tendo sido destruída boa parte da documentação funerária. Leandro disse ainda que conhecia de vista o causador do incêndio, mas que desconhecia seu nome. "O causador do incêndio entrou no almoxarifado da administração conversando com um funcionário daqui, que não me lembro o nome. Parece que, sem querer, ele jogou um fósforo aceso, após acender o cigarro, nas caixas de papelão onde guardávamos os documentos. Eu não posso mais saber quem foi sepultado nesse período porque os documentos acabaram queimados", disse ele, que confessou ainda para os policiais que não chegou a tomar qualquer providência administrativa em relação ao incêndio, nem tentou localizar o causador do "acidente".

CAPÍTULO VIII

A Extorsão

O zumbido persistente do atrito de pneus, de buzinas e motores do trânsito da Avenida Brasil – porta rodoviária de entrada do Rio de Janeiro – se contrapõe à música caipira que sai de um aparelho de som montado na favela de Acari. Um dos rostos de Acari beija o asfalto quente da Brasil, avenida que mereceu um detalhado documentário de Otávio Bezerra em 1989. A avenida é vista com certo ódio pela comunidade por causa dos atropelamentos seguidos de morte de moradores, o que deixa a comunidade mais amarga e descrente com o poder público.

Há, nos gestos e comportamento dos moradores que entram e saem das entradas encurvadas da comunidade, uma sensação esquisita. Há cinco meses – estamos num sábado, 14 de julho de 1990 –, o Plano de Estabilização Econômica do governo Fernando Collor promoveu uma brutal recessão no país. Empresas começaram a demitir e os mais atingidos foram os trabalhadores da periferia da cidade. O confisco das cadernetas de poupança frustrou os pequenos poupadores. Muitos pobres que votaram no presidente se mostravam profundamente arrependidos. Achavam que tinham sido enganados.

A festa junina, mesmo monótona, seguia seu ritmo. Havia no ar um clima seco, uma falta generalizada de dinheiro entre os moradores, que abdicavam de produtos básicos para a subsistência. Faltavam 20 minutos para as oito horas da noite. A juventude da favela bebericava nas biroscas, formava grupos nas esquinas ou movimentava-se na Travessa São Benedito, onde foi organizada a festa junina, uma tradição portuguesa adaptada com criatividade pelos nordestinos e mantida também na região sudeste pelos descendentes dos primeiros migrantes do século XX.

Natural da Paraíba, Maria da Penha Ferreira da Silva, 32 anos, estava sentada num banco da tendinha de dona Marlene, outra nordestina, e observava o movimento da festa. Mulheres e homens bebiam, comiam salgadinhos e contavam histórias do dia-a-dia da comunidade e de suas vidas. Eles estavam despreocupados, felizes em comemorar a chegada de São João na comunidade, uma das mais pobres do estado do Rio de Janeiro. A favela estava enfeitada por bandeirolas, exibindo assim uma estética sagrado-profana, capaz de provocar as mais loucas elucubrações sobre o significado da pobreza num país cheio de paradoxos étnico-sociais.

De repente, sem que ninguém percebesse, as silhuetas de seis homens vindos da Avenida Brasil delinearam-se na Travessa São Benedito, deixando tensos todos os participantes da festa junina. Penha e os demais festeiros mudaram subitamente de comportamento e começaram a trabalhar a mente em outro contexto psicológico. O prazer, a alegria e a despreocupação se foram. Era outra situação, outro clima. Seus corações, tocados pelo prazer da festa, ficaram frios em questão de segundos. Seus rostos demonstravam muita preocupação com a presença dos estranhos.

Os "visitantes" que chegaram à comunidade eram policiais militares do 9º Batalhão de Polícia Militar, de Rocha Miranda, Zona Norte do Rio, com jurisdição para atuar na favela. Eles foram apelidados de "Cavalos Corredores" por entrar nas favelas da Zona Norte correndo e atirando ao mesmo tempo, de acordo com um relatório feito pela antiga Comissão Especial que investigava crimes atribuídos aos grupos de extermínio no estado do Rio de Janeiro.

Os "Cavalos Corredores" avançavam como sombras atrás de um suposto inimigo. Eles seguravam nervosamente os revólveres e espreitavam todos os cantos e recantos da favela. Cerca de 90% dos "visitantes" eram negros, como a maioria dos favelados que estavam participando da festa junina na Travessa São Benedito. Uma guerra entre iguais, com diferenças especiais, pois quem manda nos negros militares não são negros. Era uma situação colonial que se repetia no final do segundo milênio: negros que atacam negros, numa situação onde os negros mais fracos são humilhados por negros mais fortes.

A chegada dos policiais em Acari também havia provocado outro sentimento: a indiferença. Ou seja, para os favelados tanto faz a polícia fora ou dentro da comunidade, pois, em nenhuma das duas formas de atuar, eles, os favelados, são beneficiados, já que são os moradores que pagam os impostos que servem justamente para que os grupos dominantes instrumentem as forças repressivas para combatê-los.

Na verdade, os policiais historicamente só aparecem na favela de forma repressiva e excludente, e nunca de forma interativa e participativa, como alegam as lideranças comunitárias. A forma como os "Cavalos Corredores" entraram na favela demonstrava que suas intenções eram outras. Eles não queriam apenas estragar a festa junina, como uma forma de demonstração de atualização da coerção. Estavam visando outros objetivos. Os fregueses da birosca sentiram isso. Desta vez não entraram atirando e correndo como em ocasiões anteriores, quando o tiro e a badernà eram as grandes técnicas de investigação policial em comunidades pobres justamente porque sabiam poder contar com a impunidade. Um sentimento de insegurança e dependência invadia os corações dos moradores que estavam na festa junina. "Nem na festa tinham sossego", pensou um dos participantes vestido como um caipira, com roupas e chapéu velho furados, camisa e calça rasgadas e um copo de quentão nas mãos.

Os "Cavalos Corredores", na verdade, refletiam a política de segurança do governador e sociólogo Moreira Franco, isto é, de enfrentamento direto com a criminalidade sem levar em conta as especificidades deste combate numa comunidade populosa. O então governador prometera, durante a campanha eleitoral, acabar com a violência em seis meses, mote que fez com que seu cabedal de votos subisse na Zona Sul, tradicional reduto de ricos da cidade. Por causa dessa política, inúmeros espetáculos repressivos contra as comunidades carentes foram exibidos na televisão com a justificativa de que a criminalidade seria produzida pelos pobres – daí a mobilização de forças repressivas para a desestabilização do crime entre aqueles que não têm condições de cometer crimes maiores, como os de colarinho branco, que afetam essencialmente os interstícios do sistema capitalista, provocando, por conseguinte, danos irreparáveis nas comunidades carentes, como acontece com os crimes da máfia do INSS, por exemplo, porque atingem milhares de pessoas que são dependentes dos benefícios do instituto.

Os militares que invadiram Acari estavam sob o olhar atento dos festeiros da Travessa São Benedito. Eles desceram a rua para chegar na travessa, com armas em punho. No peito de cada um, a identificação funcional estava encoberta com esparadrapo. Ou seja, eles não queriam agir legalmente como representantes do poder público, mas como personagens clandestinos, que driblavam as leis e que, por um acaso, estão uniformizados como soldados pagos pelo estado para dar segurança a qualquer classe social.

Aparecer na favela uniformizado mas ocultando a identificação funcional era uma das táticas mais usadas pelos "Cavalos Corredores". Se houvesse alguma queixa contra eles, ninguém poderia incriminá-los, já que seus nomes estavam encobertos com esparadrapo. Essa tática de atuar clandestinamente em comunidades deixava os moradores inermes diante da força repressiva do Estado, voltada somente para combater as quadrilhas de drogas nas favelas do Rio de Janeiro.

Em meio à tensão provocada pela chegada dos "Cavalos Corredores", um homem negro, 22 anos, alto, misturado aos moradores "caipiras", mantinha uma atitude discreta, possivelmente até uma certa simpatia "tática" em relação aos "invasores". Observava tudo com estranha naturalidade quando a exceção era a regra. Seu nome é Ubiratan Marcos Cunha, o Bira. Era foragido do presídio de segurança máxima de Água Santa, onde cumpria pena de oito anos por assalto.

Bira já fora preso pelos policiais militares que conheciam seus antecedentes criminais. Mas nunca retornara à prisão. Tornara-se, segundo comentários dos moradores, um X-9, isto é, um informante da polícia dentro da comunidade. Os traficantes aguardavam uma oportunidade para matá-lo, pois odiavam personagens que ficam do lado da polícia. Os policiais só conseguiam dar flagrantes nas bocas de fumo da favela com ajuda dos informantes, ou alcagüetes, como também eram apelidados estes homens. Em São Paulo, eles são chamados de gansos.

Em troca de ajuda à polícia, o X-9 com antecedentes criminais se mantinha livre. Por isso, freqüentava com desenvoltura a delegacia ou o batalhão; chegava, em certos casos, a participar de operações policiais e, em certas ocasiões, conseguia uma pequena fatia das chamadas "mineiras", isto é, extorsões praticadas por policiais contra bandidos bem-sucedidos nos negócios. Um homem como um X-9 (bandido travestido de policial), que oscila entre duas fronteiras completamente antagônicas, vale ouro em algumas delegacias e batalhões, pois pode trazer informações que desestruturam alguns grupos criminosos.

Bira acompanhava com olhar atento as investidas dos "Cavalos Corredores" e ficava num canto, como se nada tivesse a ver com a história. Edméia, a mãe de Acari assassinada, sempre dissera que Bira era o informante policial que vinha dando dicas à polícia sobre o movimento para recuperação dos ossos dos filhos seqüestrados em Magé. Há suspeitas de que Bira teria convencido os "Cavalos Corredores" a fazer aquela estranha operação durante a festa junina da favela de Acari. Segundo ele, em depoimento à polícia, a festa teria sido bancada pelo então chefe do tráfico na comunidade, Jorge Luiz da Silva, negro, alto, pertencente à facção do Comando Vermelho, que, naquele momento, liderava a distribuição da droga (maconha e cocaína) em comunidades do entorno de Acari, tais como Fazenda Botafogo, Morro do Jorge Turco, Parque Columbia, Morro da Pedreira e outras comunidades carentes vizinhas a Acari.

Um rapaz, assustado, disse para alguns amigos numa birosca, na Travessa São Benedito, que a casa de Edméia tinha sido invadida pelos "Cavalos Corredores". Edméia morava há 28 anos na favela e estava com 45 anos. Sônia, amiga de Edméia, estava na birosca e se revoltou com o fato. Disse para a mãe e os amigos que iria checar o que estava acontecendo na casa de Edméia. Faltavam dez minutos para as oito da noite e as ruelas da favela estavam escurecidas. Ela caminhou resoluta em direção à casa de Edméia, sendo observada com curiosidade pela molecada da comunidade. Sônia chegou próximo à residência da amiga. Diversos moradores, pela janela de suas casas, observavam o desenrolar dos acontecimentos na casa de Edméia. Ela observou a cena e conversou com alguns vizinhos da amiga. Ficou sabendo que dentro da casa de Edméia havia três reféns. Ela resolveu voltar para a tendinha, na Travessa São Benedito.

"Sônia, o que está havendo lá na casa de Edméia?", perguntaram várias pessoas que estavam tensas na birosca.

"Os caras [policiais] prenderam três ou quatro pessoas na casa de Edméia. Acho que o Maluquinho e a Viviane estão lá dentro", respondeu Sônia.

Da casa de Edméia saiu um PM alto, negro, forte. Caminhou em direção à tendinha de dona Marlene, na Travessa São Benedito. Os freqüentadores da birosca tremeram de medo com a chegada do policial. Temiam que a crise na casa de Edméia pudesse se estender para a birosca. Eles diziam no rosto que não tinham nada a ver com a história. O PM, de arma na mão, olhou somente para Sônia; disse a ela:

"Seguinte: procura a rapaziada. Queremos cinco milhas para soltar os meninos [CR$ 5 milhões, na época, uma quantia considerável]."

"Não tenho nada a ver com isso", respondeu Sônia.

"Se vira. Cinco milhas", disse o policial.

Um dos soldados, conhecido como Carlos Negão, propôs que Sônia fosse "avaliar a situação" na cadeia improvisada na casa de Edméia. Esta não se encontrava em casa. A mulher percebeu que não tinha condições de recusar o convite. Mesmo que não fosse atrás do dinheiro, poderia verificar a situação no local.

O PM desceu a rua e voltou para a casa de Edméia após ter dado seu recado para Sônia. Pelas frestas das janelas, a população de Acari assiste a toda a movimentação dos policiais. Não havia mais ninguém no arraial montado na Travessa São Benedito. Um vento frio balançava as bandeirolas coloridas que decoravam o cenário da festa junina. Sônia resolveu voltar para a casa de Edméia para conferir o clima. Ao chegar lá, viu um PM guardando a porta. Este PM era conhecido como Rambo em Acari, por causa do uso descontrolado da violência contra os favelados. O policial encarou Sônia sentindo-se senhor da situação. Ele deixou claro em sua postura que não estava disposto a conversa fiada. Dizia claramente que seu negócio, ali, era grana. Se houvesse dinheiro, os reféns seriam libertados e tudo ficava como antes.

O PM deixou que Sônia entrasse na casa de Edméia para verificar a real situação do cárcere privado. Ela calculou que na residência deveriam estar, por baixo, seis "Cavalos Corredores". Reconheceu um tal de Cunha. Este policial era considerado o terror pelas comunidades pobres de Acari, acusado de ter matado vários menores na comunidade e no conjunto habitacional Amarelinho, na Avenida Brasil, vizinho a Acari. Sônia atingiu o pequeno pátio da casa. Viu mais três soldados com a identificação escondida por esparadrapo. Os reféns eram Edson de Souza Costa, o Maluquinho, de 17 anos; Viviane da Silva, 16 anos, namorada de Gunga; e Moisés dos Santos Cruz, o Moi, de 26.

Os seqüestradores foram objetivos: a grana acabaria com aquele pesadelo. Lá fora, os moradores tentavam adivinhar o que estava havendo dentro da casa. Esta se tornara a grande personagem daquela noite em Acari.

Sônia viu que Maluquinho estava dominado na sala pelos policiais. Ao ver a mulher, o coração do rapaz disparou, pois esta poderia ser sua salvação. Os olhos de Sônia mudaram de foco. Viu também Viviane.

Moisés juntamente com Luiz Carlos Vasconcelos de Deus, o Lula, 32 anos, e Wallace de Oliveira Nascimento, 17, praticavam assaltos a caminhões de carga na Avenida Brasil. Quem dirigia o carro dos assaltos, segundo moradores de Acari, era o taxista Carlos Alberto Lafuente Freire, amigo de Lula, em Coelho Neto. Os detidos temiam ser retirados da casa e aparecerem mortos num terreno baldio nas imediações de Acari ou na Baixada Fluminense, com o caso sendo registrado nos colunões dos jornais populares como "encontro de cadáver". Moisés ou Moi já estava cansado de molhar as mãos dos policiais como parte dos resultados obtidos com os roubos que fazia na Avenida Brasil. Ele vinha comentando na favela que estava cansado de dividir o produto do roubo com os policiais, que acabavam virando sócios do negócio, sem, contudo, fazer a parte mais difícil: assaltar os caminhões de carga.

Era uma sociedade forçada que ele, Lula e Wallace queriam romper, mas não encontravam elementos para sustentar essa ruptura. Entretanto, o medo de aparecer morto era um fator a ser considerado prioritariamente neste jogo de fronteiras indefinidas e permeáveis entre bandido e polícia.

Ao ouvir uma voz nova na casa, Moi, que estava preso na cozinha, arriscou esticar o pescoço para ver quem estava chegando no ambiente. Levou uma bofetada de um policial e ficou na dele.

"Chega de caô!", exclamou um policial para Sônia. "Queremos a grana. Cinco milhas e eles saem daqui."

Se não atendessem aos apelos, os policiais poderiam levar os três para a delegacia mais próxima, pois já tinham pronto um flagrante, em que com os três (Moi, Maluquinho e Viviane) teriam sido encontrados armas, munições, jóias e dinheiro roubados após uma "blitz" na favela de Acari.

Sônia, abalada, deixou a casa de Edméia. Resolveu procurar Edson dos Santos Cruz, o Edinho, irmão de Moi. Para ela, ele é quem teria como levantar fundos para libertar o irmão e seus amigos.

"Não tenho esse dinheiro", assustou-se Edinho com o pedido feito pelos policiais.

"Você tem que explicar para eles isso", disse Sônia.

"Vamos levar uma idéia com o Lula. Talvez ele possa retirar o pessoal dessa parada", propôs Edinho, referindo-se a Luiz Carlos Vasconcelos de Deus.

Lula, no entanto, ponderou que não dispunha em casa daquela quantia. Era muito dinheiro. Ele e Edinho resolveram negociar uma redução. Após chegarem à casa de Edméia, Lula e Edinho iniciaram a negociação. Naquele momento, quase nove horas da noite, seria impossível arrumar a quantia estipulada pelos soldados, segundo Lula. Propuseram a libertação dos reféns por Cr$ 2 milhões. Os PMs concordaram.

Lula desapareceu da favela. Retornou mais tarde com uma bolsa cheia de dinheiro, que foi entregue a Sônia. Ela fora escolhida pelos policiais para fazer a entrega debaixo do viaduto de Coelho Neto, onde uma viatura do 9º BPM estacionara. Os reféns estavam na caçapa da viatura. Lula avisou aos policiais que não tinha conseguido arrecadar toda a quantia exigida. Informou que só arrumara Cr$ 1,85 milhão. Os policiais ficaram enfurecidos. Mas concordaram em receber a segunda parte, na segunda-feira, às 19 horas, no mesmo local. De posse da sacola com o dinheiro, eles soltaram Viviane, Maluquinho e Moi. A viatura policial arrancou em direção à Avenida Brasil, sentido Centro.

Após o sumiço dos policiais, a favela não dormiu direito naquela noite. Os moradores que assistiram a todo o desenvolvimento da extorsão saíram de suas casas e comentavam entre eles o que tinha acontecido. Estavam mais uma vez revoltados com a ação da polícia. A chegada de Edméia à favela – ela estava fora de casa quando a extorsão ocorrera – provocou mais debates. Imediatamente, ela foi informada pelos vizinhos dos acontecimentos em sua casa. Ficou assustada com a possibilidade de que os policiais retornassem com a mesma intenção. Os vizinhos pediram que ela tomasse cuidado, pois os policiais prometeram regressar para pegar a segunda parcela da propina.

E, realmente, os vizinhos acertaram. Dois dias depois, Maria da Penha estava sentada na calçada de casa, no fim de tarde de uma segunda-feira, quando viu cinco policiais, à paisana, entrando novamente pela Travessa São Benedito. Um detalhe chamou a atenção das mulheres que estavam na tendinha: os policiais vestiam as roupas de Luiz Henrique, o Gunga, filho de Edméia, e de Maluquinho.

Os dois rapazes, imitando jovens abastados, costumavam comprar roupas de grife, para fazerem sucesso entre as meninas nos bailes *funk* das comunidades carentes da Avenida Brasil. Ao vestirem roupas das vítimas, os policiais querem estabelecer uma forma de reafirmarem sua autoridade entre os pobres. Isso mostra que, eles, os policiais, embora não estejam longe daquela situação de vida dos favelados, estão do outro lado, têm mais cidadania, podem mostrar isso se transformando em favelados ao contrário, isto é, envergando roupas que pertenciam aos moradores da comunidade. É uma afronta para estabelecer o poder do Estado que os "cidadaniza", enquanto discrimina aqueles que vivem nas favelas, mas pagam diversos tipos de impostos.

"E aí, cadê a grana?", cobra um dos invasores.

"Não é comigo. É com o doutor Salviano"[1], responde um morador. Ele apontou para um homem branco, de cabelos castanhos e terno cinza, que conversava com outros moradores na Travessa São Benedito.

Salviano era um advogado cuja clientela era formada pelos moradores de Acari. Nestas horas difíceis, ele se tornava um intermediário entre a marginalidade, a polícia e os favelados. Ele tinha sido indicado por Lula a Moisés, o Moi, como o pagador da segunda parcela da extorsão aos PMs de Rocha Miranda. Salviano já conhecia os esquemas envolvendo bandidos e polícia e, assim, poderia ser o homem que iria concluir sem traumas aquela negociação envolvendo dinheiro e liberdade.

O advogado levou os policiais para um canto da Travessa São Benedito. O diálogo entre eles não foi ouvido pelos moradores. Depois de 10 minutos de conversa, em que os gestos impacientes dos policiais foram presenciados com temor pela população, estes vão embora. A comunidade respira aliviada, pois desta vez não houve ameaças de morte. O advogado foi até a tendinha e disse para os moradores que a entrega da segunda parcela da extorsão aconteceria no dia seguinte.

"Fiquem tranqüilos. Tudo vai dar certo", previu Salviano. Moi, então, entregou uma bolsa com dinheiro para Salviano, que conferiu o valor. Era a segunda parcela que faltava para que os policiais deixassem os moradores de Acari em paz.

Dois dias depois, uma quinta-feira, os policiais parecem ter dado sossego para os moradores. Crianças brincavam nas ruas de polícia e bandido, mulheres lavavam roupas e biroscas acolhiam os bebedores barulhentos. Ao mesmo tempo, manti-

---

[1] Salviano é um nome fictício, usado para preservar a identidade real do advogado.

nha-se uma faina comum às comunidades carentes: moradores saindo e voltando depois do trabalho, em geral, em diversos bairros do Centro-Zona Sul. São serventes, carpinteiros, zeladores, vigias, atendentes, porteiros, encanadores, mecânicos, eletricistas, domésticas, garçons, biscateiros, que entram e saem da comunidade. Neste clima, a extorsão parecia ter sido esquecida. Edméia não pensava mais na invasão ocorrida em sua residência. Ela cuidava de seus afazeres domésticos. Pensava nos dois netos em que teria que dar banho e levar para a escola. Levou um susto quando um policial militar – outra vez ocultando o nome com um esparadrapo – entrou novamente em sua casa.

"Aí, minha tia, não recebemos a segunda parte porra nenhuma. Assim, vamos passar o rodo em todo o mundo. No Gunga, no Moi, no Lula, espera só", ameaçou ele.

"Mas o doutor Salviano ficou encarregado de fazer a entrega da segunda parte", retrucou Edméia, lembrando que vira Moi dar ao advogado a segunda parcela da extorsão dois dias atrás, na Travessa São Benedito.

"Porra nenhuma. Ficamos como manés na praça e nada. Desse jeito, vamos sumir com todo mundo", rebateu o policial.

Edméia pediu um tempo para resolver a questão. Como era possível? Será que o doutor Salviano tinha sumido e não entregara a segunda parte aos policiais? Pelo jeito, tudo indicava que sim. Mas, na comunidade, todos acreditavam que a segunda parcela havia sido paga, sim. Não deviam mais nada à polícia.

Ela resolveu procurar Sônia para esclarecer o mistério da segunda parcela. A comunidade não devia mais nada à polícia. Era o seu pensamento. Na certa, o advogado Salviano ficara com a segunda parcela e sumira. Não tinha entregue aos policiais conforme combinado.

Sônia não queria avançar com a imaginação, isto é, acusar o advogado de ter se apropriado da segunda parcela. Mas, naquele momento, com novas pressões sobre a comunidade, era necessário pensar desse jeito. O advogado, na certa, não tinha entregue aos policiais a segunda parcela. Se tivesse pago, os policiais não estariam ali, zoando novamente a comunidade. Só podia ser isso. Aliás, ninguém tinha visto o advogado fazer a entrega da segunda parcela. A comunidade tinha visto Moi dar uma sacola com dinheiro para o advogado, mas a entrega desta para os "Cavalos Corredores" era um mistério.

Sônia e Edméia, a essa altura do jogo, avaliaram que os ex-reféns podiam estar correndo sério risco de vida, pois os PMs iriam se vingar nos três que ficaram presos na casa de Edméia. Esse mesmo pensamento passou pelas cabeças de Moi e Lula. Contavam com a possibilidade de serem ameaçados novamente pelos PMs em função do não pagamento da segunda parcela. Sentiram, após a segunda investida dos PMs na favela, que tinham que se antecipar a este jogo, isto é, avaliaram que o advogado não tinha entregado a segunda parcela e que agora eles eram a bola da vez. Tinham certeza disso, pois o acordo não fora cumprido. E, na marginalidade, quando não se cumpre acordo, sobra para a parte que tentou ludibriar. Os dois, que eram líderes do grupo que assaltava caminhões de carga na Avenida Brasil, começaram a pensar em alternativas para fugir da pressão dos "Cavalos Corredores". A possibilidade de "se mandar" da favela por uns tempos passou a fazer parte das perspectivas de vida dos dois. Afinal, não era muito seguro ficar ali, na comunidade, "de bobeira", esperando a cobrança dos "Cavalos Corredores".

Lula e Moi sabiam, por outro lado, que viviam num mundo ambíguo, delicado, violento, cheio de armadilhas, onde os interesses de policiais, bandidos e alcagüetes se mesclavam de forma muito esquisita e complexa, provocando mortes também muito estranhas, já que os interesses se chocavam entre os grupos que disputavam o controle da vida marginal na comunidade. Algumas vezes, os X-9s eram execrados na favela, e em outros momentos se adequavam harmonicamente à cultura comunitária, sendo até necessária, dependendo da conjuntura, sua presença na vida social dos favelados, numa enviezada tentativa de buscar junto às autoridades de segurança pública uma certa "cidadania" que o bandido local não podia dar aos moradores, em função até de sua situação político-social.

Em vista disso, Moi e Lula pensaram seriamente em sair de Acari por algum tempo para esfriar o ódio dos "Cavalos Corredores". Jamais um PM do Batalhão de Rocha Miranda poderia levar uma "calça arriada" dos bandidos de Acari.

CAPÍTULO IX

O Reconhecimento

Um ano após a extorsão em Acari, Sônia e Edméia foram intimadas pelas duas polícias a participarem do reconhecimento dos soldados que fizeram a extorsão na casa da segunda. O reconhecimento seria na Corregedoria-Geral da Polícia Civil, na Rua Gomes Freire, Centro. O reconhecimento acontecia em 15 de agosto de 1991, já no segundo governo Leonel Brizola, que agora prometia mais rigor na apuração dos crimes contra os pobres.

Com a troca de governo, as duas polícias tinham novos comandantes, que vinham sendo pressionados pelas entidades de direitos humanos para investigar os crimes atribuídos aos grupos de extermínio e aos policiais militares de alguns batalhões da região metropolitana.

O reconhecimento dos policiais – um ano e trinta dias depois da extorsão – estava sendo coordenado pelo coronel Walmir Alves Brum, chefe do Serviço Reservado da PM, mas quem iria conduzi-lo era o delegado Hélio Luz, à época novo diretor do Departamento de Polícia da Baixada Fluminense, organismo que controlava 15 delegacias na região. Os dois – Brum e Luz – eram representantes da "nova polícia" do segundo governo Leonel Brizola e queriam investigar a fundo os grupos de extermínio e reduzir o abuso de autoridade nas comunidades carentes por parte dos policiais. Os dois tinham fama na polícia de serem éticos e incorruptíveis. Luz, no entanto, alegando um compromisso urgente – teria que tomar depoimento de duas testemunhas de um crime atribuído ao banqueiro de bicho Aniz Abraão David –, não estivera no reconhecimento, sendo substituído pelo delegado Othon Farinha Soares.

As testemunhas conseguiram entrar no prédio da Secretaria de Segurança Pública, conforme esquema montado pelos policiais: os suspeitos entraram primeiro e ficaram numa sala isolada. As testemunhas entraram por outra porta, e não tiveram qualquer contato com os soldados. Sônia, Edméia e o advogado Salviano estavam acompanhados, na sala, pelo então capitão Odilon, policial de confiança de Brum, e do detetive Bulcão, da Corregedoria de Polícia Civil. Estavam também acompanhados por Fernanda Lima, uma advogada da Fundação São Martinho, da Lapa, que cuida de meninos de rua.

O grupo foi surpreendido com a chegada do coronel Emir Larangeira, ex-comandante do 9º BPM, e, naquele momento, deputado estadual pelo PSDB. Larangeira, segundo policiais civis, foi à sala de testemunhas "dar uma olhadinha" para ver quem iria reconhecer os militares que praticaram a extorsão em Acari há um ano. A advogada da São Martinho, que estava dando apoio jurídico a Sônia e Edméia, alertou que ele não poderia estar ali, na sala de testemunhas, pois seus interesses colidiam com os das testemunhas. Ele, porém, retrucou que estava como advogado. A mulher replicou que o militar não poderia estar ali nem como policial nem como parlamentar, pois ele fora comandante dos soldados que dali a pouco passariam pelo rito do reconhecimento. O militar contra-argumentou ao dizer que o reconhecimento era uma farsa para incriminar seus ex-comandados, que não tinham nada a ver com o seqüestro e extermínio dos 11 de Acari em Magé. Nem mesmo com a extorsão praticada em 14 de julho de 1990. Após o desabafo, o então deputado deixou a sala das testemunhas, sempre reclamando do rito investigativo destinado a verificar quem teria participado da extorsão de Acari.

Suando frio, o advogado Salviano seria uma peça importante no episódio, pois fora quem negociara o pagamento da propina. Ele chamou Sônia num canto da sala e disse que não estava em condições de reconhecer ninguém. A mulher ficou furiosa, e replicou que ele deveria cumprir a sua parte. Sônia lhe disse que iria reconhecer os policiais, caso estes tivessem a ver com a extorsão. O advogado, então, pediu para ser o primeiro a ser chamado pelos policiais civis para verificar se havia PMs envolvidos na extorsão através da chamada "sala de manjamento", na gíria dos tiras. Trata-se de uma sala onde dentro ficam os suspeitos, e, de fora, as testemunhas. Os suspeitos não sabem que estão sendo observados através de um vidro pelas testemunhas, e estas, ao contrário, vêem a reação dos suspeitos dentro da sala.

Salviano estava sem jeito. Não sabia como tinha sido localizado para depor no processo de Acari pelos policiais do Serviço Reservado da PM. Todos ali na sala já sabiam que ele tinha sido o negociador da propina aos PMs e, portanto, estivera cara a cara com os policiais. Se desse para trás, alguma coisa havia. Quem sabe uma ameaça de morte.

"Tá legal, querida, eu vou reconhecer. Mas me deixa ser o primeiro", disse Salviano para Sônia, que concordou.

Os PMs desfilaram na frente de Salviano. Este, porém, disse não ter reconhecido ninguém, para desespero de Sônia e Edméia. O advogado foi dispensado por Farinha e Brum, e sumiu, sem deixar rastros. Na vez das duas mulheres, desfilou o primeiro grupo de PMs. O advogado de defesa dos policiais procura criar dificuldades no reconhecimento.

"É aquele mesmo? A senhora não está enganada?", dizia o advogado para confundir Edméia. No entanto, ela conseguiu reconhecer um dos PMs que estivera na favela lhe ameaçando caso a segunda parcela da extorsão não fosse entregue.

Durante a passagem do segundo grupo de PMs, Edméia começou a passar mal ao olhar pelo vidro. Tremia de medo. Não tinha mais condições psíquicas para reconhecer ninguém. Dali saiu direto para o hospital, com uma crise nervosa. Sônia, por sua vez, chegou também a tremer, embora estivesse em melhores condições que Edméia. De repente, ela resolveu desistir do reconhecimento. Chamou o então capitão Odilon, do Serviço Reservado da PM, e pediu adiamento do ritual.

"Não, Sônia, agora não dá mais. A gente já está no fogo. Vamos nessa!", disse capitão.

"Mas, capitão, eu não estou em condições agora", retrucou a mulher.

O oficial, no entanto, insistiu em que era necessário cumprir o ritual, mesmo com o clima adverso. Ele argumentou que os defensores dos PMs poderiam alegar, depois, que as duas testemunhas arroladas pelos investigadores demonstraram dúvidas e poderiam desfazer tecnicamente o reconhecimento como peça de acusação assim que o inquérito se transformasse em processo. Sônia pensou duas vezes e resolveu encarar a situação.

No primeiro grupo enfileirado, viu de cara três dos seis policiais que estiveram na favela atrás do dinheiro de Moi, Lula e Gunga. Aos poucos, sua autoconfiança retornou e ela passou a desempenhar seu papel com mais firmeza.

"Aquele ali... Aquele que está fazendo palhaçadas... Ele foi um dos que pegaram dinheiro", disse para o delegado Farinha.

"Você tem certeza que é ele mesmo?", perguntou o delegado.

"Tenho sim. É ele mesmo."

Na continuidade do reconhecimento, Sônia apontou mais dois policiais. O advogado dos policiais protestou, dizendo que tudo ali era uma palhaçada. Ele alegou ainda que os policiais nunca trabalharam juntos, e que suas ações nunca tiveram Acari como alvo. O delegado pediu que o advogado se contivesse. O reconhecimento continuou e a testemunha reconheceu mais um. Foram, então, identificados os soldados Carlos Alberto Souza Gomes, Eduardo José Creazolla, Wilton Elias da Cunha e Ivaldo Barbosa. Emir Larangeira, ex-comandante dos soldados, em entrevista ao jornal O Dia, após o reconhecimento dissera que tinha ido para a Corregedoria de Polícia Civil "melar" o rito investigativo, pois achou que o Serviço Reservado da PM montara uma farsa para incriminar os PMs que trabalharam sob seu comando durante o governo Moreira Franco.

Ainda no corredor da Corregedoria de Policia Civil após o reconhecimento, o capitão Odilon levou Sônia para uma sala, para evitar que ela se encontrasse com o advogado dos PMs e com Larangeira.

"Acho que os soldados que você reconheceu deverão estar presos amanhã", revelou o capitão Odilon.

"Não acredito, capitão", replicou Sônia.

"Vão ser presos, eu digo para você".

Três meses depois, no Departamento de Polícia da Baixada Fluminense, o delegado Hélio Luz organizou um novo reconhecimento dos militares. Dessa vez, Edméia, Sônia e Maria da Penha não tiveram dificuldades em reconhecer os policiais que participaram da extorsão em 14 de julho de 1990, durante a festa junina.

CAPÍTULO X

Fuga para Magé

Passavam das 17 horas do dia 21 de julho de 1990. Um vento frio levantava poeira na Travessa São Benedito, em Acari. Uma semana antes, ali mesmo, a situação ficara tensa quando durante três horas a casa de Edméia se transformara num cárcere privado onde seis policiais militares praticaram uma extorsão contra três pessoas da comunidade. Os policiais, agora, estavam revoltados porque não tinham recebido a segunda parcela da extorsão e anunciavam pela favela que iriam "passar o rodo" nos rapazes e moças envolvidos com roubos e furtos.

Um táxi Del Rey amarelo – com faixas azuis, em bom estado de conservação – vindo da Avenida Brasil entrou por uma viela e estacionou na Travessa São Benedito. O motorista era Carlos Alberto Lafuente Freire, 33 anos, negro, de óculos escuros e bigode. Era conhecido como Beto. Fazia ponto no Supermercado Rainha, na Avenida Automóvel Clube, em Coelho Neto. Atendia a muitos pedidos de moradores para levar compras a Acari. Naquele dia, Beto havia sido contratado antecipadamente por dois rapazes da comunidade para fazer uma corrida por Cr$ 3 mil até Cachoeiras de Macacu, no noroeste fluminense. Alguns rapazes e moças se aproximaram de Beto e trocaram algumas palavras. Das janelas de suas casas, alguns moradores que assistiam aos preparativos para o embarque sabiam que os rapazes e moças estavam fugindo de PMs que haviam lhes ameaçado de morte pelo não recebimento da segunda parcela. Outros moradores achavam que o grupo se preparava para passar um final de semana divertido numa casa de veraneio da Região dos Lagos.

Beto se movimentava confiante pela travessa. Há oito anos fazia ponto no supermercado. Devido ao movimento de compras dos favelados, tornou-se o taxista predileto de muitos moradores, entrando e saindo de Acari. Fizera, com isso, amizade com alguns rapazes. A viagem para a qual fora contratado tinha sido acertada com outros dois rapazes negros, que conhecia bem: Rubens Ramos da Silva, 25 anos, o Jacaré, e Wallace do Nascimento, 17. Wallace nascera fora da comunidade, mas acabou morando em Acari porque seu pai montara um ateliê na comunidade, enquanto Jacaré nascera e se criara lá.

A poucos metros do Del Rey de Beto havia movimentação de pessoal em torno de um Fiat Uno preto, que também estava estacionado na Travessa São Benedito. O carro pertencia ao mecânico Ary Duarte, que o emprestara ao genro Luiz Carlos Vasconcelos de Deus, o Lula, o mais velho do grupo, então com 32 anos. Lula conversava com Luiz Henrique Eusébio da Silva, 17 anos, o Gunga, filho de Edméia. Gunga tinha passado pela seleção do alistamento militar, e dentro de alguns dias saberia se iria ou não servir como soldado numa das dezenas de unidades do Exército no Rio de Janeiro.

Ao lado de Gunga estavam três garotas. Uma delas, Rosana Souza Santos, 17, tornara-se há três semanas namorada de Lula. Morena, cabelos encaracolados, demonstrava vivacidade e determinação nos gestos. Vivia brigando com a mãe, que queria saber com quem namorava. Cristiane Souza Leite,

17 anos, destacava-se pela beleza suave, corpo de ninfeta, cabelos negros e longos, sensualidade negra a pleno vapor. No conjunto Fazenda Botafogo, onde morava com a mãe e cinco irmãos mais novos, vencera diversos concursos de beleza quando jovem. Tornara-se modelo e ganhava roupas e bijuterias pelo trabalho.

A terceira garota era Viviane Rocha da Silva, 13, namorada de Gunga. Ela também não morava em Acari. Vivia em Realengo, mas freqüentava a favela, onde tinha muitas amigas. Em casa, ouvia queixas dos pais por costumar passar o fim de semana longe da família, em companhia de Gunga, sem comunicar nada aos parentes. Era a mais jovem do grupo.

Por volta das 17h30min, o grupo despediu-se de alguns amigos e parentes e partiu para o sítio do pai de Wallace, Hélio, que o comprara para a mãe e os irmãos agricultores sobreviverem da terra. O Fiat preto foi o primeiro a deixar a favela, com Gunga ao volante. O veículo pegou a Avenida Brasil após contornar a praça de Coelho Neto. Foi seguido pelo Del Rey. Lentamente, os dois carros pegaram a pista em direção ao Centro. A certa altura tomaram um desvio, passaram por um viaduto, caíram na pista contrária da Avenida Brasil e entraram na Rodovia Presidente Washington Luiz. Jacaré, Wallace, Hudson de Oliveira, o Guinho, Edson Souza Costa, o Maluquinho ou Edinho, Moisés Santos Cruz, o Moi, e Antonio Carlos da Silva, Rato ou Toninho, estavam no Del Rey de Beto. Rosana, Cristiane e Viviane iam no Fiat com Gunga e Lula.

Beto, no entanto, ficou intrigado logo depois que saíram de Acari. Os rapazes tinham dito que viajariam para Cachoeiras de Macacu. Depois, como se tivessem mudado de idéia, informaram que seguiriam para Suruí, em Magé. Por mais de 60 quilômetros, a viagem transcorreu sem anormalidade, apenas com papos tensos sobre a situação da favela e de seus projetos de vida.

Ora o Del Rey passava à frente, ora acontecia o inverso. Isso demonstrava que os ocupantes dos carros sabiam com exatidão o endereço que procuravam. Se um deles se perdesse, na certa encontraria o outro mais adiante.

Na BR-116, avistaram uma placa rodoviária indicando a entrada para Suruí. Os carros contornaram um desvio e caíram numa estradinha de terra, ladeada por eucaliptos. Escurecera. O breu da noite era devassado pelos faróis dos veículos. Era uma região inóspita, com poucas moradias, que se destacava no noticiário policial como área dominada pelos grupos de extermínio.

Depois de algumas dificuldades, o Fiat e o Del Rey pararam no portão de um sítio que não tinha placa. Wallace desceu e abriu o portão para a entrada dos carros. O barulho dos motores despertou dois camponeses. Quem saiu da casa de três cômodos fora a rezadeira Laudicena do Nascimento, 74 anos, mulher acostumada com o trabalho agrícola desde os primeiros anos de vida. Seus pais foram agricultores em Friburgo, onde nascera e se casara. Estava acompanhada por um dos seus filhos, Hédio Nascimento, 30 anos, conhecido como Tijolo. Viviam da agricultura. Colhiam batata-doce, aipim e banana, e Tijolo, em sua Kombi, os revendia em feiras-livres no Rio de Janeiro. Os dois, mãe e filho, moravam há 17 anos no sítio de 53 mil metros quadrados, na Estrada Fim da Picada, em Suruí, onde também criavam galinhas e porcos. Os três cachorros que eles tinham para guarda começaram a latir ao farejar a presença de estranhos.

Laudicena e Hédio reconheceram Wallace, filho de Hélio. Este era outro filho da rezadeira que morava no Rio. Wallace tentou tranqüilizar a avó e o tio.

"Calma, vó, sou eu, o Wallace", disse o rapaz.

"Mas o que você esta fazendo aqui a esta hora?", ralhou

Laudicena, preocupada com o exército de amigos que o neto trouxera em dois carros.

"São amigos meus, vó. Viemos passar o fim de semana. Na terça-feira, a gente vai embora. Fique tranqüila. A gente não vai perturbar."

Dona Cena – como é chamada pela vizinhança – preferiu não contrariar o neto. Entretanto, não gostara da chegada imprevista, à noite, de Wallace e seus amigos. Tijolo ficou na dele. Sabia que o sobrinho fazia suas loucuras. Costumava chegar em horários imprevisíveis. Sentiu, porém, que aquele grupo estava querendo se proteger de alguma coisa, mas naquele momento não conseguiu identificar o que seria.

Os visitantes já estavam fora dos carros. Wallace apresentou os amigos. Dona Cena, mais receptiva, convidou-os a entrar. Os rapazes, satisfeitos com o convite, retiraram dos carros a bagagem. Beto resolveu ir embora. Cumprira sua jornada. Moi entregou ao taxista o combinado, Cr$ 3 mil. Beto conferiu. Tudo OK.

"Não esqueça da gente, tá legal? Venha nos pegar na terça-feira. Não pretendemos ficar o resto da vida nos escondendo", acrescentou Moi.

"Deixa comigo. Terça tô aqui, camarada."

O taxista entrou no Del Rey e tocou para o Rio de Janeiro.

Dona Cena cedeu a sala principal da casa para os casais Gunga e Viviane, Moi e Cristiane, e Lula e Rosana, que forraram o chão com colchonetes e instalaram uma mini-televisão, comprada no Paraguai. Os demais visitantes ocuparam outra sala, enquanto Laudicena, Hédio e o neto Guilherme, de 12 anos, ficaram no outro quarto. Os casais ainda conversavam antes de dormir, trocando impressões sobre a viagem e sobre o que fariam quando voltassem para Acari.

Na manhã de domingo, resolveram comprar mantimentos para a casa. Aquele batalhão de visitantes não poderia viver à custa de dona Cena e Hédio. Moi, Rosana, Cristiane, Wallace e Tijolo foram às compras. Escolheram o bar-armazém de João Roberto Vargas Lima, na Estrada da Conceição. Tijolo e Wallace já o conheciam e o cumprimentaram efusivamente.

Enquanto atendiam os fregueses, Vargas Lima analisava-os. Estava na cara que não moravam em Suruí. Vestiam roupas caras, da moda. "Parece que tomaram um banho de butique no Rio", pensava o comerciante, enquanto providenciava os mantimentos pedidos pelo grupo. Olhou discretamente para Lula, de cabelos encaracolados, branco, estatura mediana, que deliberadamente deixara a camisa semi-aberta para exibir seu sedutor cordão de ouro. O comerciante olhou para as meninas. Não ficavam atrás: tênis da moda e jeans caros. Vargas Lima terminou e recebeu o pagamento, sem pechincha.

De volta ao sítio, Cristiane e Rosana se encarregaram da cozinha. Cristiane gostava de cozinhar, e Rosana resolveu dar uma força à amiga no fogão de lenha de dona Cena. Os rapazes usaram o espaço do sítio para brincar, enxotar as galinhas e os porcos, ou se balançar em cima das árvores. Jacaré, Moi e Lula foram ver desenhos animados na televisão, enquanto os demais exploravam as fronteiras do sítio, repleto de bananeiras. Mais tarde, os homens resolveram voltar ao armazém de Vargas Lima para jogar sinuca e totó. Os fregueses tradicionais se surpreenderam com o potente rádio-gravador levado pelo grupo. Era um daqueles aparelhos enormes que apareciam nos domingos, nos encartes publicitários dos jornais. Custava uma grana. Um ambiente urbano, festivo, descarado, invadiu a pacata região rural de Suruí. Isso era o que os freqüentadores sentiam com a presença daqueles criounlinhos atrevidos que estavam hospedados na casa de dona Cena. Para completar,

Wallace pediu que Vargas Lima trocasse uma nota de Cr$ 500, na época de grande valor.

Em Acari, o clima piorava. Comentários surgiam: os "Cavalos Corredores" andaram, mais uma vez, vasculhando a favela à procura de Moi, Lula e Wallace. Os PMs estavam furiosos. Tinham sido enrolados por um grupo de moleques. Queriam receber a grana ou iriam "passar o rodo" em todos.

Luiz Alberto de Souza Alves, 21 anos, tivera uma segunda-feira duríssima no Unibanco, onde trabalhava como auxiliar de escritório. Saía de Acari para a Taquara, em Jacarepaguá, de segunda a sexta, para pegar no batente da agência Estrada dos Bandeirantes. Era chamado de Lula pelos amigos e colegas, mas costumava dizer que não era o Luiz Carlos Vasconcelos de Deus, que tinha o mesmo apelido. Os dois não tinham nada a ver. Morava na rua Jair, na favela. Já passavam das 19h30min quando ouviu chamados na porta de sua casa. Logo identificou suas comadres Rosângela, filha de Edméia, conhecida como Neném, e Maria da Penha, a Penha. Lula imaginou que tinha acontecido alguma coisa com seus afilhados. Abriu a porta, preocupado. As duas mulheres estavam tensas.

"Estamos precisando de você, Lula. É um pedido de minha mãe", disse Neném.

"Você está louca? A essa hora?"

Neném disse que precisava avisar ao irmão que voltasse no dia seguinte de Magé para se apresentar no Exército. Lula tentou dissuadi-las. Naquela noite, não. Chegara cansado. Seu fusquinha não ia conseguir andar naquelas paradas. A hora também era imprópria. Ponderou que não conhecia o local, e que era arriscado sair assim sem mais nem menos.

"Precisamos ir a Magé, Lula", as duas mulheres continuaram insistindo. Penha assegurava que a viagem correria sem problemas. Dizia isso porque já fora empregada de seu Hélio, pai de Wallace, e conhecia o caminho do sítio como a palma da mão. Seria tranqüilo chegar em Suruí à noite. Além disso, àquela altura era a solução, pois tinha um fusquinha bem equipado.

"Pode deixar que eu mesma vou te mostrando o caminho", disse Penha.

Lula e as duas mulheres entraram no carro e pegaram a Avenida Brasil. O rapaz não tivera alternativa. Após quase 60 quilômetros de viagem chegaram nas proximidades do sítio. A escuridão dificultava o acesso. Penha errara: era difícil localizar o sítio do ex-patrão à noite.

"Você sabe chegar ao sítio de dona Cena?", perguntou Neném a um morador de Suruí.

O homem deu indicações complicadas para quem não morava ali. O fusquinha avançou pela estrada de terra batida. Perderam a referência. Perguntaram novamente. Ouviram:

"Segue em frente, entra à direita, dobra outra vez à direita e vai seguindo em frente. Depois da segunda ponte, entra novamente à direita e vão encontrar o sítio de dona Cena."

Ao volante, Lula estava apavorado. Nunca estivera naquela área – ruas estreitas e esburacadas, falta de iluminação e o breu da noite indicando um suposto perigo aos estranhos do lugar.

"Este lugar é assustador", comentou com as duas mulheres, que não deram muita atenção à sua queixa.

Finalmente chegaram na Estrada Fim da Picada. Lula parou o carro em frente a um portão. Penha discordou:

"Não é esse, não."

O Fusca avançou. As duas mulheres tinham os olhos pregados nas laterais da estrada.

"É aquele ali, com certeza", disse Penha, apontando para um portão de madeira. "Pode parar, Lula."

Elas desceram do carro e entraram no sítio. Lula fez a manobra e pôs o carro na posição de retorno ao Rio de Janeiro.

Viu luzes acesas e ouviu rumores de vozes dentro da casa. Penha e Neném conversavam com alguns integrantes do grupo. Alertavam que eles não deveriam voltar ao Rio de Janeiro no dia seguinte. Policiais estavam caçando Moi, Lula e Wallace. Iriam matá-los caso os encontrassem. Os PMs foram vistos vasculhando a favela com armas pesadas e anunciando a morte dos rapazes para quem quisesse ouvir, durante alguns dias.

O papo das mulheres durou poucos minutos. Naquela mesma noite, elas voltaram para o Rio de Janeiro. Na terça-feira pela manhã, conforme combinado, apareceu Beto com seu Del Rey. Demonstrava tranqüilidade. O pessoal tinha tomado café com aipim na manteiga, preparado por Cristiane. O clima mudara da água para o vinho. A ansiedade tinha dobrado após a visita de Penha e Neném.

Beto percebeu que alguma coisa não ia bem. Moi e Lula demonstraram indiferença com a sua chegada. Ficou cabreiro.

"O que é que houve, rapaziada?"

"Nada", respondeu Moi, seco.

"Nada o quê, Moi?"

Lula interveio:

"Aí, cumpade, a gente não vai voltar hoje, não."

"Por que, Lula?", perguntou Beto.

"A barra ainda tá pesada em Acari. Vamos dar um tempo aqui", explicou Moi. "Você pode voltar, camarada. Qualquer coisa, a gente manda te avisar, valeu?"

"Tá legal. Vocês que sabem."

Beto entrou no Del Rey e regressou ao Rio de Janeiro.

Na quarta-feira pela manhã, Lula, Gunga, Cristiane, Rosana e Jacaré foram a Acarai clandestinamente – sem avisar a Beto –, pois já não confiavam mais no taxista. Constataram, realmente, que a barra estava pesada. Cristiane e Rosana foram encarregadas de procurar Toninho ou Rato em Acari. Este, inesperadamente, tinha voltado sozinho para a casa da mãe, na terça-feira. Gunga aproveitou e foi ao quartel saber se iria servir ou não, e em que dia deveria se apresentar. Jacaré disse que ia visitar a mulher e fazer compras. Lula foi sondar os amigos que tinham ficado em Coelho Neto e visitar parentes clandestinamente. Toninho – que viera na véspera – estava estranho. A mãe, Ana Maria, sentiu que seu comportamento mudara. O rapaz demonstrava que alguma coisa estava errada em Magé. Em algumas ocasiões, ela surpreendera o filho pelos cantos da casa. Quase na hora do regresso a Magé – a volta tinha sido combinada para o início da noite de quarta, na Travessa São Benedito –, Toninho fora visto dando um chute no focinho do cachorro de estimação da família. Normalmente, ele nunca faria aquilo com o cão, que adorava.

Na hora do retorno, quarta-feira à noite, Cristiane, Rosana, Lula e Gunga deram pela falta de Jacaré. Onde andaria o cara? Esperaram em vão. Resolveram voltar a Magé assim mesmo, sem Jacaré. Mas, antes, as duas moças passaram pela casa de Toninho para tentar convencê-lo a voltar a Magé, no que foram bem-sucedidas. Chegaram tranquilamente ao sítio, mas foram questionados pelo grupo: por que Jacaré não voltara com eles? Ninguém sabia os motivos.

Na quinta-feira, o grupo cumpriu o ritual dos últimos dias. Brincadeiras, televisão, sinuca, totó e passeio pelas redondezas. Já estavam fazendo amigos na região. Wallace, no entanto, parecia amedrontado. A avó viu o rapaz num canto da sala, com os olhos perdidos no infinito. Preocupada com a prostração do neto, dona Cena quis saber o motivo daquele comportamento. O rapaz começou a contar o que vinha à memória naquele momento. Uma vez, relembrou, ele se escondera da polícia na casa de uma família amiga. Quando a polícia descobriu, matou a família toda. Dona Cena relembra ainda o desabafo do neto:

"Aí, eu vi uma lágrima descer lentamente pelo rosto dele. Ele estava chorando porque achava que tinha sido o causador da chacina daquela família. Naqueles dias, de vez em quando, ele vinha e deitava comigo na cama, mas se levantava às duas da madrugada. É que não estava falando a verdade. Se ele tivesse dito: 'Olha, vó, estamos fugindo da polícia, precisamos de sua ajuda', eu até arrumava um outro canto para eles. Não deixava eles por aí, não."

Mas, naquela noite, tudo ainda estaria para acontecer. Para levantar o astral do grupo, Cristiane preparou uma deliciosa porção de aipim com manteiga, que foi rapidamente devorada por todos. Foram dormir por volta das 22h30min. Às 22h50min, os três cachorros do sítio começaram a latir desesperadamente. Dona Laudicena, deitada ao lado do neto Guilherme, ficou intrigada. Será que os cachorros estão sentindo a presença de estranhos? Uma pancada na porta assusta Laudicena. Ela se levanta. Tijolo acorda e diz para a mãe:

"Pega meus documentos."

Dona Laudicena agarra-se ao filho. As pancadas na porta soam mais fortes. Parte do grupo acorda. A porta é arrombada e surge um encapuzado. Laudicena corre para o quarto. Encontra Guilherme acordado. Pula a janela e pede ao neto que faça o mesmo. No escuro, andando pelo mato de mãos dadas com o menino, ela se esconde atrás de uma bananeira. Ouve gritos e vozes dentro da casa.

"Cadê a jóia?", pergunta uma das vozes.

"Me dê a faca", gritam.

Laudicena não ouve tiros. Ouve apenas o barulho de motores da Kombi de Tijolo e do Fiat deslocando-se do sítio para a Estrada Fim da Picada. Permanece por mais algum tempo abraçada ao neto, embaixo da bananeira. Depois, resolve procurar o filho Nélio, que mora com a mulher a poucos metros do sítio.

Nélio acorda com os chamados da mãe. Ouve sua história e não acredita. Juntos, vão ao sítio e encontram os cômodos revirados, em total bagunça. Os visitantes, mais Hédio, o Tijolo, tinham sumido. Foram seqüestrados.

"Vamos à delegacia, mãe. De lá eu aviso ao Hélio (pai de Wallace)", disse Nélio.

CAPÍTULO XI

Dólar, Jóias e Remédios

Eis algo intrigante para a época: por que os "Cavalos Corredores" bateram pé firme e decidiram ir às últimas conseqüências para conseguir a segunda parcela da extorsão, correndo riscos desnecessários, ao manter em cárcere privado rapazes e moças na casa de Edméia? Não era somente pelo fato de que os favelados não iriam denunciá-los ao batalhão, nem entrar em delegacias para queixar-se do abuso de poder contra eles. A capacidade de o Estado classificar como absurdas as queixas dos favelados já era banal e, por isso, os agentes da lei sempre contavam com a conivência do sistema punitivo.

Hoje, já se pode fazer uma avaliação mais clara do processo que redundou no desaparecimento dos jovens moradores de Acari. Talvez a resposta possa estar na ação bem-sucedida de três pessoas do grupo: Lula, Moi e Wallace, que formavam um trio especializado em assaltar caminhões de cargas nas rodovias cariocas com outros parceiros de bairros vizinhos a Acari. Semana antes da extorsão de Acari, os policiais ficaram sabendo que a fortuna dos três tinha se multiplicado. Ou seja, o trio estava abarrotado de ouro, jóias, dólares e de antigos cruzeiros. Esse botim fora resultante da venda de cargas de remédios roubados de fabricantes do Rio de Janeiro e de São Paulo.

Segundo um boato que circulou em Acari, os donos das fábricas de remédios tinham prometido prêmios especiais aos policiais da Delegacia de Repressão ao Roubo e Furto de Cargas, caso estes dessem fim aos assaltos de cargas na Avenida Brasil, a porta de entrada rodoviária do Rio de Janeiro. Por sua vez, os policiais militares também sabiam do enriquecimento ilícito dos mais velhos do grupo. Daí, então, determinados integrantes das duas polícias se mobilizarem para prender e "mineirar" os rapazes, conseguindo assim arrecadar dinheiro extra para suas rendas pessoais, à base da exploração do bandido rico, uma galinha dos ovos de ouro.

A investida dos "Cavalos Corredores" na festa junina em Acari, em 14 de julho de 1990, teve esse feitio: os policiais sabiam que os rapazes dispunham de muito dinheiro, e por isso fizeram um pedido alto e insistiram depois em receber a segunda parcela.

Dos três, Lula era o mais precavido em evitar ser preso pela polícia e virar moeda de troca entre os marginais e os policiais. Por isso, tomava muitas precauções quando ia visitar a mãe e os filhos em Coelho Neto. Na véspera da viagem a Suruí, Lula passou pela casa da ex-mulher, Rosângela Machado Bastos, na época 35 anos, mãe de Paulo César, 15, e Armando Luiz, 11. Em uma das mãos ele levava uma sacola grande. Mostrou a sacola para a mulher e disse que nela havia cerca de US$ 3 milhões, resultado de sua economia durante mais de oito anos de assaltos. Como não conseguia abrir conta bancária (o grande volume de dinheiro iria chamar a atenção), nem fazer aplicações financeiras, Lula investia seus ganhos trocando cruzeiros por dólares no mercado paralelo do Centro do Rio de Janeiro. A mulher de Lula não acreditou que naquela sacola tivesse toda aquela fortuna. Lula estava exagerando. Nervoso, Lula queria passar a sacola para a mulher guardar. Esta relutou. Ele disse:

"Não esquenta a cabeça, mulher. Guarda contigo, porque eu vou viajar amanhã para Magé. Vou passar um fim de semana com uns amigos. Quando voltar, pego a bolsa contigo.

Rosângela não podia acreditar que o ex-marido tinha tanto dinheiro. Lula percebeu a tensão no rosto da mulher. Abriu o fecho da sacola e dezenas de maços de notas verdes, amarrados com elásticos, apareceram.

"Meu Deus, quanto dinheiro!", exclamou Rosângela.

"Preciso que você guarde isto para mim. Não esquenta, não. Você não precisa saber de onde vem essa grana. Só quero que você guarde até minha volta de Magé."

De repente, imagens dramáticas tomaram a cabeça de Rosângela. Lembrava-se das acrobacias que o ex-marido fazia para visitar os filhos em Coelho Neto e não ser visto pela polícia. Quando ele saía, ficava assustada ao ouvir sons semelhantes aos das sirenes. Temia que sua casa fosse invadida e seus filhos torturados pelos policiais à procura de Lula. Não desejava este pesadelo para os meninos, mesmo que fossem filhos de bandido, como muitas vizinhas faladeiras comentavam. Lula, apesar de ter dinheiro, vivia como um cigano, escondendo-se num lugar e logo em seguida mudando-se às pressas para outro, para despistar a polícia. Rosângela decidiu que não iria guardar o dinheiro de Lula:

"Não, Lula, pelo amor de Deus. Não quero polícia na minha casa. Pense nas crianças", disse ela.

A sogra de Lula apoiou a decisão da filha. Lula, no entanto, insistiu, tentando convencer as duas mulheres, mas não teve sucesso. Saindo dali, foi à casa da mãe, na Rua Acégua, também em Coelho Neto. Para a mãe, não comentou o conteúdo da bolsa. Andava mais preocupado com a saúde dela, Denise Vasconcelos, que, aos 52 anos, engravidara do segundo marido. Ela aguardava apenas os sinais do parto para ir à maternidade. Ela vivia de uma pequena pensão deixada pelo pai de Lula.

"Quando a senhora vai ter neném, mãe?", perguntou Lula, percebendo que a barriga de dona Denise estava muito grande.

"Por estes dias, meu filho. As dores são muito fortes."

Lula lembrou-se de Carlos Roberto Lafuente Freire, o Beto, amigo de longa data, ex-colega do ponto de táxi próximo à praça de Coelho Neto. Na situação complicada em que se encontrava, precisando dar sumiço numa grana forte, Lula nem assim ia poder dar dólares à mãe. Poderia criar-lhe problemas. Isso ele não queria. Sua mãe não fazia parte de sua vida bandida. Nem seus filhos. Beto, lembrou-se Lula, lhe devia uma grana preta. Era a solução para ajudar a mãe a sair daquele sufoco.

"Mãe, é o seguinte: vou viajar amanhã. Procura depois o Beto. Eu tenho uma transação de dinheiro com ele. Ele me deve uma grana preta. Pode pegar com ele. Diga que fui eu que mandei. Com esse dinheiro, a senhora paga o hospital e a operação", garantiu Lula.

Denise hesitou. Conhecia Beto, mas a relação com o taxista não passava por cobrança de dívidas. Ficaria constrangida em cobrar, mesmo com a autorização do filho.

"Não, Lula, eu não tenho intimidade com o Beto para essas coisas", recusou Denise.

"Não tem nada a ver, mãe. Eu tenho transação com o Beto. Pode falar em meu nome que está tudo bem", insistiu Lula.

Para não contrariá-lo, Denise concordou em falar com Beto, que fora vizinho da família durante muitos anos, em Coelho Neto. Mas jamais iria procurá-lo. Lula, então, procurou a irmã adolescente Rosana, então com 16 anos, com quem era muito ligado. Rosane escutou mais uma confidência do irmão. Ele disse que dispunha de um dinheiro grande na bolsa. Era uma grana que não podia levar para o sítio, se não iria atrair a atenção de todo o tipo de vagabundos. Rosane ouviu e decodificou a mensagem: o irmão queria que a família guardasse o dinheiro. Ela assustou-se e recusou.

Apesar de pouca idade, Rosane tinha muita experiência no cotidiano nas tensas relações entre bandido e polícia. O irmão não percebera, talvez devido ao desespero, que colocaria uma bomba atômica dentro de casa. Ao menor boato sobre os dólares, poria em risco a segurança da família. Os dólares atrairiam um exército de aventureiros da polícia e de marginais, que não relutariam em matar a família para ficar com o dinheiro. Lula, então, percebeu que a irmã não iria segurar aquela empreitada.

Desconversou. Disse que iria tomar um banho. Pensava, agora, em pegar a namorada Rosana para fazerem compras no supermercado. Saiu do banho, arrumou seus pertences e voltou a conversar com a mãe. Não podia esconder o que estava por detrás de sua viagem a Magé. Explicou a Denise que policiais civis e militares vinham fazendo batidas diárias em Acari.

O bicho estava pegando.

Ele e os amigos tinham que dar um tempo fora da cidade.

"Os policiais estão pegando todo mundo, mãe."

"Meu filho, pelo amor de Deus, tenha cuidado", suplicou Denise.

"Fique tranqüila, mãe. Vou para Magé com um pessoal conhecido."

"Mesmo assim, Lula, tome cuidado. Não quero que nada de mal te aconteça. Eu vivo sobressaltada."

"São todos amigos, mãe. Na semana que vem eu estou de volta."

Pouco depois, Lula pegou a bolsa, despediu-se dos parentes e foi procurar a namorada Rosana, que morava perto.

CAPÍTULO XII

As Pressões

Ao cair no mundo, sem deixar pistas para os "Cavalos Corredores", Lula, no entanto, virou alvo dos policiais da Delegacia de Repressão a Roubos e Furtos de Carga (DRRFC), que também vinham investigando os assaltos na Avenida Brasil.

Segundo a antiga Comissão Especial que investigava crimes atribuídos a grupos de extermínio, policiais da carga passaram a pressionar o mecânico Ary Duarte, sogro de Lula, que fora casado com Zilah Débora Duarte, para que este revelasse onde o líder dos assaltantes se escondia.

Uma das primeiras investidas dos policiais da carga à casa de Duarte acontecera em meados de 1988. Eles reviraram tudo à procura de Lula. Na segunda investida à casa do mecânico, os detetives finalmente pegaram o rapaz. Levado à delegacia, que na época funcionava na Penha, foi liberado depois de fechar um acordo com os policiais que previa o pagamento de Cr$ 30 mil, em duas parcelas. Segundo Duarte, o pagamento da propina fora intermediado por um advogado. A partir daí, Lula tornou-se intocável. Durante cinco meses assaltou impunemente caminhões de entrega de medicamentos e eletrodomésticos, junto com Wallace e Moi. O taxista Beto, segundo comentários em Acari, era o motorista do grupo.

Pressionada pela seguradora de cargas, que se queixava à Secretaria de Segurança Pública do elevado número de assaltos a caminhões de carga nas rodovias de acesso ao Rio de Janeiro, a DRRFC foi instada a trabalhar e justificar sua existência. Segundo o depoimento de Duarte, Lula foi procurado por outra equipe de policiais civis especializados na repressão a esse tipo de crime, liderada pelo detetive-inspetor Bernadino Lopes da Motta, que, com cinco subordinados, fez visitas à casa de Duarte. Lula e sua mulher na época, Zilah, perceberam que o cerco se fechava e decidiram pedir abrigo a Cláudia Rosana Duarte, irmã desta, que morava no Condomínio Village Pavuna, na Pavuna, Zona Norte. Segundo Zilah, a equipe de Motta entrou no apartamento de Cláudia Rosana, e depois de revistar todos os cômodos perguntou se ela ainda vivia com Lula. Zilah, mentindo, disse que tinham se separado. Motta engrossou e deixou um recado para Lula: ele seria morto, a menos que tivesse "muita bala na agulha", ou seja, dinheiro para pagar propina a ele e sua equipe.

Duarte disse em depoimento ter certeza que o novo endereço do casal havia sido dado à polícia pelo taxista Beto, amigo de Lula. Após a explícita ameaça de morte transmitida a Zilah, um Opala bege com cinco policiais passou a rondar a casa de Duarte, numa atitude intimidatória. Dias depois, houve o seqüestro dos 11 em Magé.

As dúvidas em relação a se Beto havia ou não entregado Lula à DRRFC foram dissipadas oito dias depois do desaparecimento dos rapazes e das moças. Em frente à Auto-escola Neide, na Vila da Penha, Duarte avistou o taxista conversando com dois detetives da DRRFC. Um deles era o Pedrinho da Carga, que o mecânico reconheceu, depois, como um dos policiais que foram à sua casa à procura do genro.

Mais tarde, após a segunda eleição vencida por Leonel Brizola, em 1991, Duarte e Zilah foram chamados à Corregedoria de Polícia Civil pelo delegado Hélio Luz e não tiveram dificuldade em reconhecer os cinco detetives da DRRFC. Mas Motta só foi ouvido pela Comissão Especial seis meses depois. Confirmou que liderara "diligências" à Casa de Zilah, mas afirmou que jamais fizera ameaças.

Seguindo outras vias de investigação, o Serviço Reservado da Polícia Militar caminhava na mesma direção da Corregedoria de Polícia Civil. Em 1992, a PM oficializou o reconhecimento dos policiais militares que participaram da extorsão aos rapazes e moças de Acari. Além dos nomes dos PMs, foram divulgados pela imprensa os nomes dos policiais envolvidos no caso, todos detetives da DRRFC: Bernadino Lopes de Motta, Fernando Martins Ferreira, José Barbosa Saise, Pedro Paulo dos Santos e Ricardo Alves Pereira. Segundo jornal O Dia de 28 de janeiro de 1992, os militares envolvidos em Acari (todos do batalhão de Rocha Miranda) foram: Carlos Alberto Souza Gomes, o Carlos Negão, Wilson Elias da Cunha, o Cunha, e Eduardo José Rocha Creazolla, o Rambo. Escaparam do relatório do Serviço Reservado os soldados Paulo Roberto Borges da Silva e Ivaldo Barbosa do Nascimento, o Barbosão, também do 9º BPM, reconhecidos por testemunhas.

O relatório da P-2 despertou críticas e aplausos. Oficiais ligados aos acusados disseram que o documento continha erros e que fora feito somente para dar uma satisfação à opinião pública. O então governador Leonel Brizola, aproveitando o clima de controvérsia, pediu, então, ao vice-governador Nilo Batista "a mais rigorosa apuração da chacina de onze pessoas em Magé". Mas, naquela altura, o Serviço de Homicídios da Baixada Fluminense, responsável pelo Caso Acari após a extinção da Comissão Especial, também sofria as conseqüências de uma política de direitos humanos contraditória, paliativa e populista, em determinado momento.

Foi quando Hélio Luz, diretor do Departamento de Polícia da Baixada Fluminense, pediu demissão do cargo. Luz saiu atirando para todos os lados nas entrevistas que dera para a imprensa. Garantiu que todos os dirigentes da Polícia Civil estavam envolvidos em esquemas escusos. Disse ainda que a polícia estava abarrotada de delegados corruptos e que o quadro tendia a piorar se não houvesse reação do poder público. Nilo Batista respondeu às acusações dizendo que Luz era vaidoso e que, no fundo, queria ser Secretário de Polícia Civil. No bate-boca entre os dois, Luz declarou que os crimes de extermínio na Baixada Fluminense não eram investigados a fundo. Os policiais faziam de conta que estavam comprometidos com a nova política de direitos humanos, mas, na verdade, apenas registravam burocraticamente os crimes, que chegavam na justiça como de autoria desconhecida.

O então delegado Élson Campelo – velho amigo de Nilo – diretor do Departamento de Polícia Especializada (DPE), foi um dos alvos da crítica de Luz. Segundo o delegado demissionário, Nilo vinha privilegiando Campello, cujo departamento controlava mais de mil policiais espalhados por duas dezenas de delegacias especializadas. Luz foi punido com 15 dias de suspensão e transferido para Cachoeiras de Macacu, onde, na época, o tipo de crime mais grave era roubo de galinhas. Em seu lugar, Nilo nomeou o delegado João Paulo Pereira Souto, apresentado à imprensa pelo delegado Élson Campelo, na época, um dos grandes cardeais da Polícia Civil.

CAPÍTULO XIII

Corpo-a-corpo em Acari

Em 27 de julho de 1990, o escândalo tomava conta das primeiras páginas dos jornais, que estampavam o seqüestro de 11 rapazes e moças que estavam no sítio de dona Laudicena, em Suruí, Magé. Marilene, em afazeres domésticos em sua residência, em Coelho Neto, ficou sabendo do seqüestro da filha quando uma amiga, Maria, gritou pelo seu nome na porta da casa:

"Marilene!"

"O que houve, Maria? Qual é a fofoca?", perguntou Marilene, aproximando-se do portão de sua casa.

Ela ficou preocupada, pois dentro de poucos minutos deveria estar na lanchonete onde trabalhava como supervisora. Que novidade Maria trazia para contar? Não entendia a expressão trágica no rosto da mulher.

"O que há, Maria?", perguntou Marilene sem jeito.

"É o seguinte, Marilene. Aconteceu um negócio com Rosana."

"Que negócio, Maria?", Marilene entrou em pânico.

"Marilene, compre os jornais. Acho que ela estava junto com o pessoal de Acari."

A mulher foi embora às pressas. Marilene ficou confusa. Sentiu que alguma coisa de ruim, indesejável, acontecera com a filha. Sabia que a garota andava em más companhias, tinha namorados inadequados e andava em lugares complicados. Pediu, então, a um rapaz que comprasse jornais. Este voltou em menos de 10 minutos. Logo de cara, tomou um susto com a manchete do jornal O *Povo*: "Dez pessoas seqüestradas em Magé". Abaixo, o jornal esclarecia a manchete: "Moças e rapazes, residentes na Favela de Acari, foram passar um fim de semana na localidade de Suruí, em Magé. Dormiam quando a casa foi invadida por um grupo de mascarados fortemente armados, que exigiam a entrega de um saco com jóias e dinheiro. Velha escapa e conta a história". Abaixo da chamada, entre as sete reproduções de fotografias das carteiras de identidades dos seqüestrados, via a imagem da filha.

O coração de Marilene disparou. Releu a matéria. Percebeu logo que a filha tinha mentido. Não fora para Saquarema coisa nenhuma. Mentira logo para ela, que sonhava que Rosana iria lhe dar seus primeiros netos. Fora seqüestrada em Magé, na Baixada Fluminense. Naquela época, Magé era famosa por abrigar grupos de extermínio. Marilene sentiu, então, que a vida, através de Rosana, tinha lhe aplicado mais um golpe. Resolveu, então, ir a Acari atrás de informações mais precisas sobre o seqüestro da filha. Afinal, a favela tinha o maior número de seqüestrados. Na verdade, estava desnorteada com o fato. Respirou fundo. Sentia-se sozinha. Com quem podia contar naquele momento duro?

Sem querer nada com os estudos, Rosana, já adolescente, era muito disputada pelos rapazes do bairro, mas não queria manter aquela vida de adolescente caretinha. Acabou conhecendo o traficante José Ramos Faria, o Cueca. O bandido satisfazia todos os desejos da garota, até que um dia acabou morto pela polícia. Ao mesmo tempo, a relação entre mãe e filha era ambígua.

"Rosana, como é que você pode se satisfazer com as coisas dos outros? Por que você não vem morar comigo?", perguntava Marilene. Quando começou a namorar Lula, foi a mesma coisa: "Queria saber, tim tim por tim tim, com quem minha filha andava. Mas ela escondia, tinha medo de que eu descobrisse que os seus namorados não serviam", relembra Marilene.

Foi pensando em tudo isso que ela chegou, em Acari, no dia da notícia do seqüestro. Sentiu o clima pesado, viu a população cabisbaixa, os moradores conversando nas esquinas e biroscas sobre o ocorrido. Conversavam em código: poucas informações para as pessoas de fora.

Outras mães dos seqüestrados – Joana, Ana, Teresa – choravam na Travessa São Benedito, transformada em ponto de reunião dos amigos e parentes dos 11 desaparecidos.

Um rapaz se aproximou dela:

"Aqui estão os documentos de sua filha", disse Edson dos Santos Cruz, o Edinho, irmão de Moi, um dos desaparecidos. Embora não conhecesse o rapaz, pensou Marilene, ele lhe conhecia, sabia que se tratava da mãe de Rosana, namorada de Lula.

Marilene segurou os documentos, absorta, como se estivesse fora daquele mundo. Olhou os pertences da filha. Será que tinha sido morta? Onde estaria Rosana naquele momento? As fisgadas no coração aumentavam. Será que tinha perdido a filha mais velha para o outro mundo?

Outra vez, a voz de Edinho a fez regressar ao mundo real de Acari:

"Ah, tem mais..."

Edinho pegou, com outro morador, a bolsa de Rosana e entregou a Marilene. Continha mais documentos, uma caderneta de telefone e diversas jóias. Marilene reconheceu um brinco grande, de argola, que Rosana adorava usar. De repente, a mulher sentiu que novas forças a impulsionavam. Não poderia ficar assim passiva diante do fato. Resolveu intervir.

"Como foi que aconteceu isto? E o Lula?", perguntou Marilene a um grupo de mulheres e homens ao seu lado.

"Calma, mulher, não fala no nome de Lula agora", advertiu uma das mulheres que estava próximo de Marilene.

Outra mulher emendou:

"Nem do Lula, nem do Wallace, nem do Moi, entendeu? Se não a polícia não vai se interessar em investigar nada."

Marilene compreendeu as recomendações das mulheres de Acari. Estes eram os homens que deviam à polícia. Numa atitude estratégica, os favelados relacionaram, inicialmente, apenas os nomes das oito pessoas que não tinham nada a ver com a marginalidade, entre eles Viviane, Gunga, Toninho, Cristiane.

Vera, a mãe de Cristiane, que morava em Fazenda Botafogo, também estava em Acari, pela primeira vez. Seu filho adolescente também comprara o jornal e vira a fotografia da irmã entre os desaparecidos. Ela vestia sutiã e um sumaríssimo biquíni. Vera quase "se enfiara terra abaixo" ao ler a reportagem sobre os onze desaparecidos de Acari. Lembrara que, antes de namorar Moi, Cristiane tinha tido um romance com um vizinho, quase da mesma idade dela. Quando ela terminou o curso fundamental, já não parecia uma menina. A cabeça e o corpo eram de uma mulher adulta e inteligente.

"Queria estar sempre bem-informada sobre tudo", contaria mais tarde a mãe, relembrando o modo de ser da filha, disposta a se projetar além do esquema "garotinha suburbana, preocupada com um futuro casamento". Num concurso de beleza patrocinado pela Fundação João Mendes, de Acari, Cristiane tinha sido eleita, aos 13 anos, Miss Simpatia e Miss Folha do Rio. Daí para ser modelo foi um pulo. Como pagamento recebia roupas e bijuterias de boa qualidade. Queria ser independente financeiramente. Em primeiro lugar, voltaria a estudar. Mais tarde, alugaria um apartamento, moraria sozinha e, quem sabe, se casaria e teria muitos filhos.

Os sonhos de Cristiane pareciam agora coisa do passado. No momento, Vera só sabia que tinha que chegar a Acari, vizinha a Fazenda Botafogo, bairro onde morava. Sem conhecer direito os becos e as vielas de Acari, ela entrou desesperada numa rua curva, que levava a uma região completamente oposta à Travessa São Benedito. Pediu ajuda para localizar a rua onde as mães dos desaparecidos moravam. Uma moça atendeu ao seu pedido.

"Olha, a casa da Edméia fica para lá. Você segue esta rua e vai sair na Travessa São Benedito, onde fica a casa dela", disse a moça.

Aos trancos e barrancos, Vera chegou à Travessa São Benedito. Lá, encontrou moradores tensos e alvoroçados, formando rodinhas e grupinhos de cinco e seis pessoas. Aproximou-se de um dos grupos. Perguntou onde ficava a casa de Edméia, mãe de um dos desaparecidos, mas não encontrou. Ouviu histórias desconexas sobre o seqüestro e resolveu voltar para casa. Na manhã do dia seguinte, Vera comprou os jornais. Novas notícias davam conta que 11 tinham sido vítimas de um grupo de extermínio. O Corpo de Bombeiros de Magé tinha sido acionado para vasculhar o Rio Suruí, numa tentativa de localizar os corpos.

Estava absorta em seus pensamentos, lavando a louça, após o café da manhã. De repente, a campainha de sua casa tocou. Era a Marilene, a quem nunca tinha visto, mãe de um dos desaparecidos. Convidou-a a entrar.

"Me desculpe, mas eu sou a mãe da Rosana, uma das três garotas seqüestradas. A senhora é a mãe da Cristiane, não é?"

"Sou..."

"Olha, acho que temos que nos unir. Vamos nos unir porque esta história está muito esquisita, muito maluca. Eu estive ontem na favela e fiquei voando."

"Eu também."

As duas – Marilene e Vera – resolveram retornar a Acari para obter mais informações sobre o desaparecimento dos 11. A favela tornara-se o centro das investigações policiais e das investidas dos repórteres ávidos por notícias frescas sobre o caso, que se destacava na mídia. As demais mães da comunidade, exceto Edméia, viviam em crise de choro e prostração diante da ausência de informações sobre o desaparecimento dos filhos. No segundo dia após o seqüestro, as mães já se conheciam e começaram a se organizar. Edméia, que se destacava pela sua capacidade de concentrar informações nas suas mãos, ofereceu sua casa para as reuniões das mães.

Edméia via Vera andando de um lado para outro na comunidade. Já sabia que ela era mãe de Cristiane e namorada de Moi. Resolveu aproximar-se:

"Você é a mãe da Cristiane, né?", perguntou Edméia.

"Exatamente. Sou a mãe dela", respondeu Vera.

"Olha, a Cristiane namorava o Moisés, que levou ela para esse sítio em Magé."

Edméia revelou ainda que seu filho desaparecido namorava Viviane – a mais nova do grupo –, que morava em Realengo. Viviane se apegara à favela quando passou a namorar Gunga. Para não amedrontar as mães de fora da comunidade – Vera e Marilene –, Edméia preferiu ocultar o fato de que três dos desaparecidos tinham sido vítimas de uma extorsão praticada pelos "Cavalos Corredores". Aos poucos, Vera e Marilene foram descobrindo as relações mais íntimas das filhas com o mundo de Acari. Em conversa com outras mães – Teresa, Ana Maria e Joana –, as duas foram se inteirando do mundo de Acari, das relações marginais dos rapazes e das ações violentas da polícia na comunidade.

CAPÍTULO XIV

O Sabor da Militância

"Arcélio, estou desesperado. Minha filha Rosana e outros amigos foram seqüestrados em Magé!"

O desabafo fora feito pelo maquinista da Central do Brasil Job Manoel dos Santos, em fins de julho de 1990. Arcélio, militante de uma entidade de direitos humanos – que também já exercera a mesma profissão de Job –, estava participando com ele de uma reunião na Associação dos Maquinistas da Central do Brasil. Chamou-lhe a atenção o comportamento do amigo Job durante a reunião. O maquinista estava cabisbaixo e quase não acompanhava os debates sobre reivindicações salariais. Arcélio sentiu que algo muito sério angustiava Job, então marido de Marilene, uma das Mães de Acari. Ao abordá-lo, após a reunião, ouviu o desabafo do amigo.

"Calma, Job. Me conta o que houve com a Rosana", disse Arcélio.

"Estou desesperado", replicou o maquinista.

"Me conta o que houve para a gente se movimentar. Eu conheço alguns parlamentares e podemos correr atrás", contemporizou Arcélio.

Job, então, relatou que a filha e uns amigos tinham ido passar um fim de semana em Magé, na Baixada Fluminense, num sítio da avó de um deles. E que, na noite de 26 de julho, tinha sido seqüestrada juntamente com mais dez pessoas. Ninguém mais tinha tido notícias do destino dos 11. A hipótese era de que os jovens haviam sido seqüestrados por policiais.

Arcélio, então, procurou alguns parlamentares e depois encontrou apoio em militantes de direitos humanos, que, na época, vinham travando uma luta encarniçada contra a polícia por causa do extermínio de crianças e adolescentes no estado do Rio de Janeiro. O extermínio já havia gerado dois relatórios da Anistia Internacional, informando ao mundo que, no Rio de Janeiro, o genocídio de pobres era tratado com descaso pela máquina repressiva-jurídica.

As Mães de Acari, então, foram levadas para uma reunião com militantes dos direitos humanos e do movimento negro. Os dirigentes dessas entidades explicaram para as mulheres que os filhos delas foram vítimas de grupos de extermínio. Os estudos destas entidades vinham apontando que, em geral, as vítimas destes crimes tinham um perfil que não se alterava: jovens, negros, pobres, vivendo em comunidades carentes e sem proteção jurídico-institucional. O ideal, segundo os líderes destas entidades, era que elas formassem um movimento de mães para cobrar, pelo menos, a busca pelos cadáveres, pois, tradicionalmente, a polícia não se interessava em investigar crimes contra pobres. Naquele ano – 1990 –, por exemplo, a prioridade da polícia era investigar a onda de seqüestros de empresários que vinha pondo as classes abastadas em estado de pânico.

As mulheres concordaram em serem apadrinhadas pela militância de direitos humanos, que tinha contatos internacionais e apoio de alguns governos europeus para desencadear campanhas pela consolidação da cidadania e dos direitos no Brasil. Em vista disso, as entidades de direitos humanos organizaram o primeiro ato político-estratégico do Caso Acari: uma manifestação em frente à sede da Polícia Civil, no Centro. A manifestação reuniu cerca de 200 moradores de Acari, militantes de direitos humanos, militantes do movimento negro, sindicalistas e parlamentares, como Chico Alencar (PT), Jandira Feghali (PC do B), Edmilson Valentim (PC do B), Jorge Bittar (PT), Edson Santos (PC do B), Lícia Caniné (a Ruça - PCB) e Adilson Pires (PT). Usando faixas e cartazes, os manifestantes exigiam o encontro dos cadáveres e a investigação do caso, a fim que os assassinos fossem presos, julgados e punidos.

As mães, inesperadamente, ficaram revigoradas. Elas se sentiam mais fortes e determinadas ao verem militantes e parlamentares unidos em suas defesas. Era outra situação existencial-política. Elas, ali, não eram mais as mães faveladas isoladas, receosas e sem apoio para expressarem suas dores ante as adversidades da vida. Viam, agora, que pessoas que não se conheciam estavam lado a lado, defendendo o direito de oferecer um enterro digno aos filhos. Por outro lado, os militantes não estavam discriminando as vítimas, pois, segundo eles, os direitos humanos são para todos, e todos os acusados têm direito a um julgamento justo. Os gritos, então, que pediam justiça e a apuração do crime, ecoavam em frente à sede da Polícia Civil. Os policiais estavam estupefatos e revoltados. Poucas vezes eles tinham sido pressionados pelo movimento de direitos humanos, justamente em frente à sede de um organismo importante, então comandado pelo delegado Heraldo Gomes. Este, por sua vez, parecia não compartilhar dos sentimentos dos favelados.

No entanto, Gomes resolveu, de certa forma, reduzir o impacto do movimento em sua porta. Um assessor deixou seu gabinete e foi ao encontro dos manifestantes. O assessor, então, disse que o Secretário de Polícia Civil iria receber apenas os vereadores e deputados que estavam presentes à manifestação.

Os manifestantes não concordaram. Eles queriam que Gomes recebesse as mães e uma comissão de líderes da manifestação. O delegado acabou concordando e autorizou a entrada das mães em seu gabinete.

Após ouvir o relato das mulheres, Gomes disse que iria priorizar o Caso Acari, ou seja, iria transferir as investigações para a Comissão Especial, responsável, na época, pela apuração dos crimes atribuídos a grupos de extermínio. Na avaliação de Gomes, o caso iria andar mais rápido, pois os detetives lotados na Comissão Especial eram especialistas em investigar grupos de extermínio da Baixada Fluminense.

O sucesso obtido pela manifestação na porta da Polícia Civil havia estimulado as Mães de Acari a buscarem uma ampla percepção política relativa às pressões dos grupos urbanos por mais cidadania. Era como se um novo campo de conhecimento houvesse brotado com vigor na cabeça das mulheres.

Neste novo mundo, as Mães de Acari voltariam a protagonizar outra manifestação contra o extermínio de menores, em outubro de 1993, dois meses depois da Chacina da Candelária (23 de julho de 1993), quando, numa madrugada fria, oito adolescentes foram assassinados a tiros por policiais militares, enquanto dormiam na porta da igreja da Candelária, um templo católico com mais de 300 anos, onde, geralmente, se casam os filhos das classes altas.

O ato também unia moradores da favela de Vigário Geral, que teve 21 pessoas (entre adultos, jovens e crianças) chacinadas por policiais em agosto desse mesmo ano. O ato acontecera no Centro da cidade.

A manifestação, neste caso, fundamentava um arco de alianças políticas bem maior do que o Caso Acari. Estava em jogo uma política impune de extermínio de cidadãos desprotegidos. Agora, além dos parlamentares, participavam da manifestação cidadãos de classe média, intelectuais de universidades, ONGs de diversos ramos e militantes de entidades de defesa dos direitos da criança e adolescentes, que se uniam para cobrar uma política de proteção aos mais vulneráveis junto aos governos municipal, estadual e federal.

O Estatuto da Criança e do Adolescente (ECA), considerado um dos mais avançados do mundo, não era aplicado pelos prefeitos, governadores e presidentes da República, que se limitavam a assinar documentos de comprometimento com a defesa dos direitos das crianças, mas, na prática, relaxavam e cuidavam de políticas mais ligadas aos feudos dos parlamentares mais conservadores.

Os casos de extermínio de menores, no entanto, abalavam outros setores no Brasil. Foi o caso dos diplomatas das embaixadas estrangeiras, que enviavam relatórios negativos para a imagem do Brasil em função dos extermínios de pobres no Rio de Janeiro, abrindo, então, diversos leques para que o Brasil fosse objeto de políticas de boicote em relação aos seus tradicionais produtos de exportação. Por causa disso, o então presidente da República, Itamar Franco, se posicionou, frente aos casos, pedindo que o governo Leonel Brizola apurasse as chacinas com rigor. A então deputada Rita Camata, do Espírito Santo, que presidia uma CPI sobre Criança e Adolescente, dissera que o governo estadual estava omisso no combate aos grupos de extermínio. Brizola, então, como resposta, chamou a deputada de "vaca".

Naquele momento, soava estranhamente absurda, para muitos setores da sociedade civil, a existência de grupos de extermínio integrados por policiais financiados por comerciantes para exterminar crianças negras que cometiam pequenos furtos para manter-se em pé numa sociedade extremamente competitiva, indiferente e agressiva em relação a elas.

Nos cinco anos posteriores às três chacinas que abalaram o Brasil, as entidades do movimento negro carioca vinham chamando a atenção para a necessidade de políticas públicas para proteger e abrigar os meninos e meninas de rua. Soava estranho que houvesse no Brasil do início dos anos 1990 máculas como extermínio, prostituição infantil, trabalho escravo e principalmente grupos de policiais instrumentados para matar menores. Em 1987, a Associação dos Ex-Alunos da Funabem divulgou um alentado relatório, pioneiro no tema, chamando atenção para o extermínio de crianças e adolescentes negros no Rio de Janeiro e na região metropolitana. Era uma façanha, pois os próprios integrantes da associação não tinham segurança e eram alvo fácil da retaliação policial. O relatório fora patrocinado pela Defesa Internacional da Criança, organismo da ONU preocupado com a situação de risco das crianças e adolescentes no Brasil.

A manifestação, então, que ocorria na Candelária e na Cinelândia, tinha peso político de forte impacto, pois trazia no seu âmago todas as contradições das políticas paliativas governamentais para o setor de direitos humanos, que seriam postas em discussão nas ruas e nos palanques naquele ato.

Como deferência dos outros movimentos, as Mães de Acari saíram à frente da manifestação, levando uma faixa com os dizeres: "Não matem nossas crianças", e, mais atrás, outras mães com outra: "Queremos nossos filhos vivos". Outros grupos de mulheres traziam a terceira grande faixa: "Caminhada pela vida". A manifestação, que começou na Candelária e entrou pela Avenida Rio Branco, era aplaudida pelos transeuntes, e dos edifícios choviam papéis picados em homenagem aos manifestantes, que gritavam palavras de ordem contra a polícia e exigiam o respeito aos direitos humanos. Os cidadãos começavam progressivamente a entender o significado da luta pelos direitos humanos e civis, numa sociedade que ainda era conhecida pela exclusão dos mais fracos. E a forma mais tradicional para obrigar o poder público a trabalhar para a implementação dos direitos era a ação de rua.

Aos poucos, a passeata, que resgatava as tradições de mobilização da esquerda dos anos 1960, chegava à Cinelândia, local, no passado, referenciado pela presença de inúmeros cinemas. Lá, diversos militantes da produção já estavam no imenso palco montado.

No campo aberto da Cinelândia, em frente à Câmara de Vereadores, dezenas de militantes aguardavam a chegada da passeata, que, no fim de tarde, ocupava toda aquela área. No palco, os discursos condenavam a polícia, a justiça e os governos pela omissão no trato com a criança e o adolescente. Na vez dos dirigentes de ONGs de menores, os oradores "sentaram o pau" na política de direitos humanos do governo Leonel Brizola, que, segundo eles, não vinha priorizando o atendimento aos mais fracos, apesar de, na campanha eleitoral, Brizola ter dito que iria governar outra vez pelos mais necessitados da sociedade e escolhido Elias, um menino de rua, como símbolo do novo governo. Este menino se tornaria um símbolo do segundo mandato do pedetista quando na carreata que comemorava a vitória de Leonel Brizola, o menino Elias do Nascimento subiu no carro e ficou durante todo o trajeto ao lado do novo governador. A foto de Brizola com o menino maltrapilho Elias correu o mundo.

O ato, com dezenas de discursos, terminaria por volta das 19 horas, e muitos militantes, ao invés de voltar para casa, entrariam no bar Amarelinho para discutir novas estratégias de ação entre goles de chope.

CAPÍTULO XV

Caçadores de Cadáveres

O coronel da PM Walmir Alves Brum entendia que o Caso Acari tinha tudo a ver com a sua trajetória de militar ligado aos direitos humanos. Ninguém na PM jamais ousou dizer que ele pegava propina de bandidos ou comerciantes. Ao contrário de muitos oficiais, seu nome jamais constou nas listas de policiais ligados à desonestidade. Era, em certo sentido, um funcionário público exemplar, que sabia como as camadas populares eram violentadas pelas políticas de segurança pública opressoras dos mais fracos.

Esse currículo coincidia com a trajetória das Mães de Acari. Ou seja, o oficial da PM acabou se envolvendo com a história e fez amizade com as mães que procuravam os corpos dos filhos pela Baixada Fluminense. Via em Vera e Marilene exemplos de mulheres determinadas e com capacidade investigativa. Elas, por sua vez, não queriam estar por fora das investigações que os policiais faziam do Caso Acari. Ou seja, a polícia deveria prestar contas diretamente a elas, que eram as mães das vítimas. Essa capacidade de lutar por seus direitos como cidadãs fez com que os policiais vissem nelas forças emergentes de direitos humanos, o que ocorre até hoje.

Mas, naquela época, as duas partes aprendiam mutuamente, e desenvolveram, de forma enriquecedora, as relações entre estado e sociedade.

Em vista disso, enquanto havia uma nova pista que podia levar aos corpos, Brum jamais deixava de comunicar a Vera e Marilene sobre os novos rumos das investigações. As mães eram sempre as mais interessadas em saber sobre os rumos da investigação policial, ou seja, não eram mais um cliente passivo do estado, mas sim mulheres determinadas e admiradas, já compreendendo em certo sentido o protagonismo que vinham desenhando com precisão na luta corporal e ideológica com os aparelhos de Estado.

Naquele dia, em meados de 1992, Brum, com dois soldados, numa viatura da Polícia Militar, parou na casa de Vera, em Fazenda Botafogo. Bateu na porta. Eram 9 horas da manhã.

"Coronel Brum, o que houve?", perguntou ela, estranhando a presença súbita do militar em sua casa nas primeiras horas da manhã.

"Vera, temos uma pista importante para localizar os corpos."

"Onde, coronel?"

"Em Magé. Preciso que você venha comigo."

Vera nem pensou duas vezes. Trocou de roupa. Em seguida, saiu de casa e entrou na viatura policial. Dali, Brum ordenou que o motorista seguisse em direção a Coelho Neto. O policial obedeceu. Em poucos minutos, a viatura parou em frente à casa de Marilene. Brum e Vera desceram da viatura e acionaram a campainha da porta de Marilene. Esta apareceu, meio sonolenta. Naquela época, Marilene trabalhava como supervisora numa fábrica durante a madrugada e dormia durante o dia. Ao ver a amiga e o coronel Brum, achou que algo espetacular tinha acontecido com o Caso Acari.

"O que está acontecendo, gente?", perguntou Marilene.

Não era a primeira vez que Marilene atendia aos pedidos do coronel Brum para juntos empreenderem uma caçada aos cadáveres sem nome na Baixada Fluminense. Quem sabe, numa destas incursões, eles não localizariam os ossos dos filhos seqüestrados e mortos em 26 de julho de 1990, em Suruí, Magé. A esperança sempre estava no ar.

"Marilene", disse Brum, "Vamos agora a Magé. Temos uma informação muito boa. Podemos localizar os corpos dos meninos agora."

"Não brinca, coronel", replicou Marilene.

"Falo sério. Estou com uma informação importante sobre isso."

"Então me aguarde um instante", respondeu Marilene, indo ao quarto para trocar de roupa.

Em menos de 10 minutos, as duas mulheres, os dois soldados e o coronel Brum estavam numa viatura policial com destino a Magé. Era mais uma empreitada, sempre movida pela expectativa de localizar os ossos dos jovens que haviam sido exterminados numa região quase sem lei.

Durante o trajeto até Magé, as mães e o militar comentavam sobre a possibilidade de o caso ganhar novas dimensões se encontrassem os corpos. Nesse caso, uma nova situação se configuraria juridicamente: o crime teria cadáver, e seria, então, possível processar os suspeitos por seqüestro e homicídio.

"As pessoas que fizeram isso não foram inteligentes", disse Marilene dentro da viatura policial. "Se fossem, teriam deixado os corpos. Com os corpos, a gente chorava, deixava correr nossa dor e enterrava os meninos. Tudo seria logo esquecido, porque somos pobres."

Antes do seqüestro, Marilene se lembrava como ficava assustada com as imagens da TV, mostrando mães pobres chorando diante das câmeras de TV, implorando pelo encontro dos filhos arrastados, muitas vezes, de dentro da própria casa, durante a madrugada, por homens encapuzados. Eram cenas freqüentes que revelavam a banalização da violência contra os mais fracos.

O grupo já tinha chegado a uma região inóspita de Magé. Brum, Marilene, Vera e um soldado do Serviço Reservado haviam deixado a viatura no início da estrada, com um policial ao volante. O quarteto pegou uma trilha, dentro de uma mata, e iniciaram uma caminhada em direção a um morro, em Suruí. Pelo caminho, viram casas esplêndidas de veranistas. Mas, de vez em quando, o grupo enfrentava esquadrões de mosquitos. O soldado que acompanhava o grupo soltava palavrões por causa das picadas, mas o ânimo não arrefeceu.

Mais à frente, eles deixaram a floresta e encontraram uma trilha de terra batida. Continuaram a caminhada, já sentiam sede. Fazia quase duas horas que o quarteto caminhava. Brum era o guia, e não demonstrava cansaço. Ele já estava acostumado a andar por aqueles lugares. Já havia vasculhado quilômetros em busca de pistas dos corpos dos 11. Vera deu um tropeço, mas foi segura pelo soldado que os acompanhava.

Uma pergunta, no entanto, insistia em atormentar a mente daqueles caçadores de cadáveres: onde os exterminadores enfiaram aqueles 11 corpos? Depois de quase dois anos, não era possível que nenhuma pista aparecesse para desvendar o mistério.

Num descampado, o grupo encontrou um barraco queimado. O fato chamou a atenção dos quatro. Brum foi o primeiro a se aproximar do local, seguido dos demais. Dentro do barraco, encontraram restos de um sofá, tênis, grelhas, lençol e lenha. Ao lado, perceberam algo curioso: a presença de onze tanques para a criação de peixes. Eram tanques grandes e largos, cheios de água cinzenta.

Os corações das mães dispararam. Pela primeira vez haviam encontrado um local estranho, com um ar fúnebre, semelhante a um cemitério clandestino. Brum, então, cortou um pedaço de bambu e enfiou em um dos tanques, com a intenção de avaliar a profundidade. Seu gesto foi imitado pelas mulheres e pelo soldado. Os pedaços de bambu afundaram nos poços. Ninguém sentiu toque ou atrito do bambu com algum objeto embaixo das águas.

"Ai, meu Deus, este é o local", exclamou Vera.

Os sinais próximos indicavam que a intuição de Vera fazia sentido. Era muito esquisito aquele criadouro de peixes com onze tanques, o mesmo número de jovens desaparecidos. Estavam numa região deserta, que apresentava sinais de passagem apressada de pessoas. Como alguém poderia instalar um criadouro de peixes numa região desprovida de vizinhos? Além disso, os pares de tênis encontrados poderiam ser os que os desaparecidos usavam no dia do seqüestro. "Muito estranho...", reconheceu Brum, analisando o local que encontrara. Sem equipamentos, seria impossível descobrir o que se ocultava naquelas águas turvas dos onze poços. Pensou em recorrer a outros órgãos do poder público, como a Cedae (Companhia Estadual de Águas e Esgotos) ou ao Corpo de Bombeiros. A primeira providência seria o bombeamento da água dos poços. Sem todo o aparato, nada feito, nada de pistas concretas por ali. Resolveram retornar à estrada que levava ao distrito de Suruí.

Eles já se preparavam para entrar na viatura, numa estradinha de terra batida, quando notaram, vindo em sentido contrário, um rapaz pedalando uma bicicleta. Acenaram, com o intuito de pedir informações. O rapaz tirou os pés dos pedais. Parecia desconfiado. Nunca vira aquelas pessoas por ali. Ficou mais desconfiado, pois Brum e o soldado usavam uniformes da PM. Alguma coisa grave acontecera por ali, pensou o rapaz.

"Você conhece o dono daqueles poços de criação de peixes?", perguntou Brum.

"Não, senhor", respondeu o rapaz.

Brum perguntou por um homem bastante conhecido na região – quem sabe, ele poderia ser o administrador da criação de peixes. Em vão. O morador de Suruí, com as mãos no guidão da bicicleta, respondeu com um novo "não". O coronel desistiu do pequeno interrogatório à beira da estrada. Ele tinha certeza, contudo, que o rapaz conhecia a pessoa citada, mas se resguardava de uma futura complicação ou retaliação, o que acontece rotineiramente em regiões sob o domínio dos grupos de extermínio.

O chefe do Serviço Reservado, no entanto, tinha planos. Quatro dias depois, retornaria ao local da criação de peixes. Dessa vez, vinha acompanhado de funcionários da Cedae e do Corpo de Bombeiros, numa operação de vasculhamento. Mais de 10 homens esvaziaram os tanques, fizeram a busca e usaram equipamentos especiais. No entanto, nenhum corpo foi encontrado no interior dos poços. O oficial, após a exaustiva operação, começou a avaliar outras hipóteses para localizar os 11 corpos. E se tivessem sido sepultados num sítio de algum exterminador protegido politicamente na região? Uma das características dos grupos de extermínio das regiões periféricas do Rio de Janeiro é sua ligação com as representações políticas do poder local. Nos cinco anos anteriores, reportagens publicadas em diversos jornais mostraram como era nítido esse conluio em várias cidades-satélites do Rio de Janeiro.

Antes da investida de Brum, Marilene e Vera na periferia de Magé, a cidade, logo nos primeiros dias do sumiço de rapazes e moças, já havia sido tomada de assalto por mais de 100 moradores de Acari, que chegaram ao município em carros, Kombis e vans. Era um mutirão que havia sido formado para procurar os seqüestrados – vivos ou mortos.

Pelo orelhão comunitário, segundo os moradores, chegavam telefonemas anônimos dando conta de que os rapazes e moças estariam vivos no sítio de Peninha, que pretendia obter um resgate por eles junto aos traficantes da comunidade. Outras denúncias davam conta de que os 11 estariam mortos, e seus corpos abandonados em uma pedreira de Magé, em direção a Suruí. Havia informações de que eles teriam sido enterrados num cemitério clandestino da região.

Em vista disso, os favelados, pressionados pelo choro das mães, resolveram também agir e passar à frente da polícia. Alguns líderes comunitários conseguiram carros com parlamentares da região e organizaram uma tumultuada caça aos corpos das vítimas numa quarta-feira, em agosto de 1990. Os moradores de Magé ficaram estupefatos quando a caravana passou pelo centro da cidade, seguindo em direção a Suruí. Num raio de 10 quilômetros ao redor do sítio onde ficaram hospedados os 11, os favelados, em grupos de 10 a 20 pessoas, vasculharam chácaras, morros, riachos e montanhas. A busca, da qual também participaram Edméia, Vera e Marilene, durou vários dias, com saídas regulares de carros da favela em direção a Magé. Os favelados, mesmos sem instrumentos apropriados, usando as próprias mãos, arrancavam matos, capinavam o terreno, retiravam entulhos pelo caminho, abriam picadas na floresta e subiam até em morros em busca de alguma pista dos corpos.

O fato perturbou as mães, pois elas queriam checar cada uma das denúncias que chegavam sobre a provável localização dos corpos. Edméia, antes de ser morta, acompanhou de perto as expedições comunitárias de Acari em busca dos corpos. Ela contou:

"Nessas horas, não tinha divisão. Ia todo mundo procurar os corpos. Quem era de revólver e quem não era. A gente queria, simplesmente, encontrar os corpos de nossos filhos, já que a polícia não ia fazer nada mesmo. Foi uma grande luta, todo mundo junto, escavando matão, subindo morro, suando, com os olhos pregados em tudo quanto era lugar. A gente tinha esperança de que ia encontrar os corpos de nossos filhos. Era só uma questão de tempo. De vez em quando a gente quase enlouquecia. Do orelhão comunitário chegavam ligações anônimas dizendo que os corpos estavam em tal lugar. A gente pegava a Kombi, pegava carro e ia checar. Ficamos loucas, arrasadas, com essa expectativa de encontrar ou não os corpos dos meninos. Isso nos dava força, muita força."

Talvez essas tentativas duras (mas emocionantes) de localizar os corpos dos filhos tenham impressionado algum exterminador ou pessoa ligada a este tipo de atividade criminosa na Baixada Fluminense. Isto porque, um mês depois do assassinato de Edméia, uma carta anônima indicando onde os corpos poderiam estar enterrados chegou ao gabinete do então secretário da Polícia Civil, Nilo Batista. Juntamente com a carta, o denunciante anexou um mapa, no qual indicava onde estariam os corpos dos 11 de Acari. Batista, então, acionou diversas equipes do Corpo de Bombeiros, do Instituto Médico Legal (IML) e das duas polícias, e organizou uma nova expedição para localizar os restos mortais dos rapazes e moças de Acari. Segundo a carta, o ponto onde os corpos dos 11 teriam sido deixados era o local conhecido como Curva da Morte, na estrada Piabetá-Petrópolis, após o distrito de Raiz da Serra. No entanto, a única região conhecida com esse nome ficava na altura do Km 54, da Avenida Automóvel Clube, em Taquara, Magé. Em 16 de fevereiro de 1993, a expedição, enfim, com base na indicação da carta anônima, conseguiu localizar em Taquara ossadas que seriam de dois dos 11 seqüestrados. O exame delas, 15 dias depois, não confirmou que as mesmas pertencessem aos rapazes e moças, frustrando mais uma vez as Mães de Acari, que pediram uma audiência a Batista para saber mais detalhes sobre a descoberta das ossadas. Batista não atendeu ao pedido, pois estava brigado com a entidade de direitos humanos que assessorava as mães, e continuou mantendo equipes em Magé e Caxias para localizar mais corpos, mas a medida foi ineficaz.

Ao ser indagado pela imprensa sobre o encontro dos ossos, o coronel Brum disse acreditar que o local indicado na carta estava dentro da "área de possibilidade" do crime. Na verdade, Brum estava se precavendo, pois já tinha investigado inúmeros locais em Magé onde os corpos poderiam ter sido sepultados. Aquela região, na sua conceituação de "área de possibilidades", era mais uma pista, e não um local conclusivo sobre o paradeiro dos 11 corpos. Brum, no entanto, lembrou à imprensa que o sítio de Suruí, de dona Laudicena, de onde os jovens sumiram, distava 15 quilômetros de Taquara, o bairro onde estariam os corpos na versão da carta enviada para Batista. Além disso, frisara o militar, a Kombi utilizada no seqüestro dos jovens fora encontrada a cinco quilômetros da área vasculhada pela polícia na tentativa de localizar os corpos, seguindo as pistas da carta anônima.

Marilene, por seu turno, mesmo com as variadas pistas que se apresentavam a mães e policiais, resolveu dar seqüência à caça dos corpos na Baixada Fluminense, sem se importar com o sucesso ou o fracasso das investidas. Dessa vez, quem amparou suas tentativas de buscar rastros dos criminosos foram o detetive-inspetor Ivani dos Santos, da antiga Comissão Especial, e os detetives Edu e Pereira, que, pelo lado da Polícia Civil, vinham investigando o Caso Acari. Eles, ao contrário dos demais policiais, adoravam a investigação de crimes contra as populações marginalizadas. O Caso Acari, para eles, fora de suma importância, pois enfim poderiam dispor de tudo o que tinham em termos de investigações criminais, já que era um caso de grande repercussão no exterior, e eles, na certa, sairiam louvados da história se conseguissem localizar o cemitério clandestino onde os 11 de Acari foram sepultados.

Segundo Marilene, em algumas ocasiões os policiais civis da Comissão Especial também lhe avisavam quando alguma operação específica estava para ser desenrolada no Caso Acari. Ela, então, se oferecia para acompanhar os policiais nas investigações. Era uma forma de intervir diretamente na ação policial, ou seja, mesmo tendo os filhos mortos por agentes do estado, estes, em determinados momentos, se identificavam com as mães. Acabavam, então, cúmplices das mulheres. Ou seja, as Mães de Acari trabalhavam com dois modelos: um contra e outro a favor do estado, dependendo das circunstâncias que o caso tomava. "Às vezes" – conta ela – "os policiais iam buscar um inquérito em algum lugar. Aí, eu me oferecia para ir junto com eles para ver como funcionava a atuação policial. Como, naquela época, eu trabalhava à noite para sustentar meus quatro filhos, meu chefe do trabalho me liberava para participar dessas investigações. Por conta dessa cumplicidade no trabalho eu pude ir a uma CPI para depor sobre crimes contra crianças e adolescentes."

À época da morte de Peninha, as polícias civil e militar, juntamente com as Mães de Acari, buscaram exaustivamente, em Magé, recuperar informações dos moradores sobre o sítio do famoso policial, onde possivelmente deveriam estar enterrados alguns dos jovens de Acari.

Marilene retornou ao local, em Suruí, onde a Kombi, após ter transportado os jovens seqüestrados, teria sido deixada pelos exterminadores, perto de um campo de futebol. Com os policiais civis, Marilene fez diversas indagações aos moradores da região para descobrir algo sobre o seqüestro dos 11 de

Acari, em 26 de julho de 1990: "A princípio, ninguém queria falar nada ali em Suruí. Aí, cinco anos depois, quando voltamos lá, e começamos a fazer perguntas, um morador falou para a gente: 'olha, agora a gente pode falar porque o xerife morreu...' O xerife era o Peninha, que tinha este apelido, pois era de fato o xerife da região."

Um morador de Suruí, instigado a falar, começou a dar detalhes da noite de 26 de julho de 1990. Ele contou para Marilene que os exterminadores deixaram a Kombi perto do campo de futebol na madrugada do dia 26 de julho. Ouviram-se vozes; os exterminadores gritavam para os companheiros terem cuidado com os buracos do campo de futebol. Isso era uma prova incontestе de que exterminadores da região participaram do seqüestro e morte dos 11 de Acari. A Kombi, no entanto, caiu num buraco e parou ali. O carro que a seguia se aproximou. Seus ocupantes perceberam que seria impossível retirá-la dali, já que estava com os pneus dianteiros dentro do buraco. Segundo o morador, os exterminadores esvaziaram a Kombi, atearam fogo nela e foram embora de carro. Eram umas quatro horas da manhã. Os moradores da região acordaram e saíram de suas casas com baldes de água para apagar o incêndio", recordou Marilene. Ela ficou sabendo, ainda, por meio de informações passadas pelos moradores da região, que a Kombi tinha muitos vestígios de sangue: "Até hoje não me conformo com o tratamento pericial que foi dado ao Caso Acari. A Kombi estava cheia de sangue e os peritos disseram que não podiam saber se era sangue humano ou animal. Mas tinha tudo a ver. Os tapetes da Kombi estavam todos revoltos, indicando que houvera sinais de luta ali dentro. A Kombi fora largada ali daquele modo. Para mim, eles se desfizeram dos corpos naquelas imediações."

As investigações continuaram em Suruí. Vera e Marilene fizeram, sozinhas, algumas incursões na região para tentar descobrir novas pistas dos corpos dos filhos. Elas estavam convencidas de que suas ações poderiam desencadear uma nova frente de investigações no Caso Acari. Muitas pistas se apresentavam a elas.

Dentro de uma "birosca" próxima ao local onde fora encontrada a Kombi, as duas resolveram conversar com o proprietário. Alguns fregueses, que tomavam cervejinhas, ficaram inquietos com a aproximação das duas mulheres. Parecia encrenca. Elas se identificaram e disseram querer obter mais informações sobre a madrugada de 26 de julho de 1990. A maneira como as mulheres inquiriram não admitia reticências ou "conversa fiada". Elas deixavam claro que o que as trazia ali era obter informações precisas sobre o destino dos corpos.

O dono da birosca entendeu o recado. Ele contou alguns fatos relativos ao cotidiano daqueles jovens de Acari, antes do seqüestro ocorrido no sítio de dona Laudicena. A turma de Acari, segundo o proprietário, costumava freqüentar a sua birosca para jogar sinuca e totó. Chamou atenção do proprietário o fato de a turma de Acari só beber refrigerantes e ter muito dinheiro – várias vezes ele se viu obrigado a dar trocos generosos, em função do valor elevado das notas com que o pessoal pagava as contas. "Dona Laudicena (que já morreu) me falou, depois de umas perguntas que fiz a ela, que um tal de Zé Maria, um policial militar da área, disse ter visto os garotos pesarem ouro numa padaria do local. Isso seria mais um argumento para os seqüestrados terem chamado a atenção dos exterminadores de Magé. Para mim, é mais uma história que não foi bem investigada", disse Marilene.

CAPÍTULO XVI

As Lobistas Sociais I

Os anos 1990 foram ricos em casos de impunidade que atordoaram a sociedade carioca, como as chacinas de Acari, Candelária, Vigário Geral, a lista de propina dos bicheiros e o Caso Daniela Perez – a atriz assassinada pelo ator mineiro Guilherme de Pádua e pela sua ex-mulher Paula Thomaz, em 1992, na Barra da Tijuca; este último, no entanto, não foi mais um fato banal no cotidiano da criminalidade carioca, mas sim um crime passional envolvendo figuras de grande visibilidade, gerando, por conseguinte, dissensões pesadas entre os atores sociais envolvidos. Era do interesse dos artistas que o caso fosse exemplarmente punido, pois o crime abalara profundamente o meio artístico, e virara tema comum de discussão entre os atores, atrizes, produtores e novelistas, além do fato de a novelista Glória Perez ser mãe da atriz assassinada. A impressionante repercussão do caso na mídia abria portas para que a justiça se empenhasse em apurá-lo mais a fundo.

Por volta de 1996, a advogada Cristina Leonardo, então presidente do Centro Brasileiro de Defesa dos Direitos da Criança e do Adolescente (CBDDCA), lembrava que o julgamento de Guilherme de Pádua e de Paula Thomaz, no II Tribunal do Júri, estava próximo e haveria debates prolongados sobre crime, celebridades e impunidade. Os acusados eram defendidos por excelentes advogados, que poderiam livrá-los, com argumentos surpreendentes, da acusação por homicídio doloso.

O advogado de Guilherme era Paulo Ramalho, então presidente da Associação dos Defensores Públicos do Estado do Rio de Janeiro. Este já havia inocentado em dois júris o caminhoneiro Mário Luiz de Andrade Ferreira, o Mário Maluco, de ter assassinado Edméia da Silva Eusébio, líder do grupo Mães de Acari, no I Tribunal do Júri. Advogado brilhante, capaz de enxergar brechas processuais em benefício dos clientes, Ramalho era um adversário de peso para os promotores do II Tribunal do Júri, entre eles José Muiños Piñeiro Filho (que acabou se tornando chefe do Ministério Público na gestão de 1999-2002), Maurício Assayag e Marcos Chut.

Já o advogado de Paula Thomaz era Carlos Eduardo Moreira Costa, outro detentor de um sobrenome respeitável: descendia de uma tradicional família de advogados criminais, e isto pesava nas relações sociais do júri. Ou seja, se a promotoria tinha fogo para sustentar a acusação contra os réus, por outro lado os defensores dos criminosos não eram inexperientes, e sabiam justamente se contrapor aos argumentos do Ministério Público.

Cristina Leonardo lembra que, na mesma época, a pauta do II Tribunal do Júri também se preparava para julgar mais de 50 policiais militares acusados de terem participado da chacina de 21 pessoas em Vigário Geral, em agosto de 1993. Ou seja, o II Tribunal do Júri vivia um momento histórico de julgamentos de casos de grande impacto na mídia e no inconsciente coletivo da população carioca. Os policiais assassinos de Vigário Geral seriam condenados? Ou, como sempre, inocentados, mantendo o eterno arquétipo de impunidade contra os fracos? Como seriam os interrogatórios do galã Guilherme de Pádua e de sua mulher Paula Thomaz pelo juiz José Geraldo? Como iria se comportar a mãe da vítima, a novelista Glória Perez? O que iriam falar as testemunhas do crime diante das perguntas da acusação e da defesa? Em síntese, essas eram as dúvidas que desnorteavam a opinião pública antes dos julgamentos.

Freqüentadora do gabinete do então promotor José Muiños Piñeiro Filho, já que os parentes das vítimas da Candelária e de Vigário Geral, através de um documento oficial, a tornaram assistente de acusação nos dois processos, a advogada Cristina Leonardo teria algumas funções importantes antes e depois do julgamento: contribuir para melhorar a prova e fornecer novos indícios de participação nos réus nas chacinas, sendo lhe facultado, durante o júri, que expressasse sua análise crítico-jurídica a respeito dos casos nos quais era parte, como Candelária e Vigário Geral. Foi em um dos "acasos" no gabinete de Piñeiro que ela conheceu a novelista Glória Perez, que também costumava conversar com os promotores para saber como andava o processo ou se havia novidades na coleta de provas contra Guilherme de Pádua e Paula Thomaz.

Cristina, por um lado, não queria que o Ministério Público afrouxasse um só momento na luta para condenar os chacinadores de menores e adultos da Candelária e de Vigário Geral. Ela vivia nos calos dos promotores para que os parentes das vítimas tivessem a certeza de que o Ministério Público iria se empenhar para resolver tanto o caso de Vigário Geral como o de Daniela Perez; eram clientes mediados pela promotoria, mas com o mesmo objetivo: conseguir a punição dos assassinos.

"Encontrei, então, a Glória Perez lá, no gabinete dos promotores, pois ela começou a freqüentar o gabinete de Piñeiro. Na época, eu estava dando informações para um Globo Repórter sobre desaparecidos. Aí, o Globo Repórter estourou com a história das Mães da Cinelândia", contou Cristina.

Glória Perez ficou muito interessada no trabalho da dirigente do CBDDCA. Ela não sabia que existia no Rio de Janeiro um trabalho como o de Cristina Leonardo, mobilizando mães de parentes de vítimas de crimes cometidos por policiais no Rio de Janeiro. Então, após conversar com a advogada, marcou uma reunião com ela, em sua residência. Na época, o programa jornalístico da TV Globo mostrava as Mães de Acari e as Mães da Cinelândia, na escadaria da Câmara de Vereadores do Rio, exibindo fotos dos filhos desaparecidos e emocionando milhões de telespectadores.

Gloria Perez, na ocasião, disse para a advogada que, como mãe de Daniela Perez, estava de certo modo "impossibilitada" de ir para a rua fazer campanha contra a impunidade, pois também era uma funcionária da Rede Globo. De acordo com Glória, na versão de Cristina, o criminalista Arthur Lavigne, que trabalhava junto ao Ministério Público como assistente de acusação no processo contra Guilherme de Pádua e Paula Thomaz, temia que Paulo Ramalho tumultuasse o júri se a visse na TV Globo fazendo campanhas nas ruas junto com as Mães de Acari e Mães da Cinelândia.

"Ele, Lavigne, temia que Ramalho, durante o júri ou pela imprensa, fizesse acusações à Rede Globo de estar manipulando os futuros jurados para facilitar a condenação de seu cliente com a movimentação de Glória Perez", explicou Cristina.

"Então você pode organizar um movimento social contra a impunidade e falar do julgamento de Daniela. Você topa?", perguntou Glória.

"Deixa comigo. Você fica chorando e a gente faz um grande movimento contra a impunidade", concordou Cristina. "Mas vamos fazer uma coisa: em troca, eu quero que em toda novela sua apareça uma temática de minorias e de problemas sociais", ponderou, sendo atendida pela novelista.

Foi aí, então, que a temática dos desaparecidos apareceu na novela "Explode Coração", de 1996, com as imagens das Mães da Cinelândia e de Acari exigindo, em horário nobre, o encontro dos filhos desaparecidos. Era o acordo sendo cumprido ao pé da letra: em "O Clone", a novelista abordou o problema das drogas, e em "Pecado Capital", o da proteção a testemunhas – nesta novela de 1998, Glória mostrou o sofrimento das testemunhas de crimes hediondos, cujas vidas são destruídas ao denunciar culpados. No capítulo 40 da novela, as personagens Mila (Betty Lago) e Orestes (André Valli) presenciaram um assassinato, e, como testemunhas, foram ameaçadas pelos bandidos e pela polícia. "Quero que eles passem por todos os constrangimentos enfrentados pelas testemunhas de verdade", dissera Glória, na época, ao jornal *Extra*.

Para dar maior verossimilhança à estória, a novelista conseguiu a participação de diversos líderes de campanhas de proteção a testemunhas. João Pires e Odenir Alves, testemunhas da chacina de Vigário Geral, e Vera Leite, uma das Mães de Acari, participaram da trama, dando depoimentos. Na ocasião, Vera disse que o movimento feminino de direitos humanos devia muito à novelista, pois com a campanha de desaparecidos feita em "Explode Coração" foram localizadas 800 crianças que estavam desaparecidas. A mídia televisiva brasileira, com seu potencial de alcance de milhões de telespectadores, em questões de segundos provocava mudanças nos hábitos dos noveleiros, que, ao verem pessoas dando depoimentos reais sobre seus sofrimentos, começaram a denunciar ou informar onde estariam crianças não-localizadas até então. Inaugurava-se uma situação inteiramente nova nas telenovelas, ou seja, uma união da ficção com o real que, dali por diante, ganharia novos admiradores, como Manuel Carlos. "Chegávamos a ter que apurar mais de 50 denúncias de desaparecimento de crianças por dia por causa da novela", disse Vera naquela ocasião, relembrando a importância da televisão como mídia de impressionante *feedback*.

Na época, Vera e Marilene passaram a trabalhar com Cristina Leonardo, que no CBDDCA organizara o grupo "Mães da Cinelândia", inspirada no trabalho das próprias Mães de Acari. A ONG, então dirigida pela advogada, acumulava denúncias de outras mulheres que acusavam policiais de sumirem com seus filhos. Como já tinham conseguido acumular razoável experiência no assunto, Vera e Marilene ajudavam a orientar as Mães da Cinelândia nas manifestações de rua, na formulação de pedidos de investigação e no uso da linguagem jurídica para encaminhar reivindicações à justiça. Os primeiros julgamentos dos réus de Vigário Geral, por exemplo, contou, no plenário, com a participação das Mães da Cinelândia e de Acari, que levaram solidariedade aos parentes dos mortos de Vigário. Em algumas ocasiões, Vera e Marilene davam dicas aos parentes das vítimas, para que estes falassem com mais desembaraço aos repórteres que cobriam o caso.

Era uma nova forma de cooperação e solidariedade que, durante o processo de luta político-social, fortalecia o movimento feminino popular de direitos humanos no Rio de Janeiro dos anos 1990. As mulheres de diferentes favelas uniam-se em um novo segmento e geravam uma rede de combate à violência e em favor dos direitos humanos, ilustrando, assim, uma luta que até então ficara restrita a determinados grupos.

CAPÍTULO XVII

As Lobistas Sociais II

"Temos a certeza de que Vossa Excelência não ficará inerte diante do nosso clamor, justo, digno e sofrido." Este é um trecho de uma carta escrita por um grupo de 21 mulheres do grupo "Mães do Rio", entregue em 20 de junho ao presidente Luiz Inácio Lula da Silva. O texto pede para que o presidente lute pela aprovação da Lei do Fundo Nacional de Assistência às Vítimas da Violência.

Elas esperaram durante 20 horas na porta do prédio onde mora o presidente, em São Bernardo do Campo (SP), para entregar pessoalmente o documento a Lula, que não desceu do apartamento para falar com as manifestantes. O porteiro do prédio foi quem recolheu o documento e o entregou a ele, que o protocolou dando ciência de que havia recebido a carta. Para as militantes, apesar de tudo, fora uma vitória: o próprio presidente tomava conhecimento oficial de suas reivindicações, sendo, de certo modo, solidário ao movimento, já que a polícia não havia sido chamada para afastar as Mães do Rio da porta do edifício de Luiz Inácio Lula da Silva.

Em seguida, foi a vez de João Paulo Cunha (PT), então presidente da Câmara de Deputados, em Brasília, sentir o sabor da ação das "Mães do Rio". Em 26 de agosto de 2004, elas se encontraram com ele. As mulheres pediram, então, que o parlamentar colocasse na pauta de votação o projeto de lei que prevê a criação do Fundo de Apoio às Vítimas de Crimes Violentos. Segundo as mulheres, a aprovação do projeto iria beneficiar populações pobres de diversos estados, que, sem direitos, não tinham a coragem de denunciar a morte e o desaparecimento de seus familiares. Como sempre, nas investigações, os agentes do Estado eram os principais autores do crime. Portanto, era necessário também indenizar os parentes das vítimas que perderam entes queridos em ações de violência estatal.

Naquele momento, para não contrariar as mulheres, João Paulo prometera colocar o projeto em votação em outubro de 2004. Até julho de 2005, no entanto, o projeto ainda não tinha sido colocado em pauta no Congresso Nacional.

Quando foram à Câmara dos Deputados, as mães aproveitaram para relatar seus dramas para os parlamentares. Entre as mulheres presentes na sede do Congresso Nacional estava Iracilda Toledo, 47 anos, viúva. Seu marido, Adalberto de Souza, 40 anos, fora morto na chacina de Vigário Geral, em 1993. Iracilda é uma prova do descaso do Estado com seus cidadãos de segunda classe.

As Mães do Rio, após o encontro de Brasília, resolveram intensificar a campanha para que o Fundo de Apoio às Vítimas de Crimes Violentos fosse aprovado. Agendaram, então, visitas a capitais onde os crimes cometidos por policiais ficaram impunes. Na visão delas, os casos mais graves aconteciam em São Paulo, Belém, Salvador e Pernambuco. A proposta era arregimentar mais mulheres nos estados para que a pressão sobre o Congresso Nacional fosse mais eficaz.

Coordenado por Eurístéia de Azevedo, a Téia, que também militara no grupo "Mães da Cinelândia", o movimento "Mães do Rio" acabou se tornando, entre o final dos anos 1990 e o início do novo milênio, o grupo de pressão social que mais mobilizou mães de desaparecidos ou parentes de vítimas de chacinas no Rio de Janeiro nos últimos 15 anos. Segundo a advogada Cristina Leonardo, especialista em direitos humanos, esses grupos femininos se encontravam dispersos e enfraquecidos em outros movimentos. Ao se juntarem, deram mais coesão ao movimento feminino popular de direitos humanos no Rio de Janeiro. De uma forma ou de outra, as mães acabariam intensificando as antigas propostas das Mães de Acari.

Como assistente de acusação nos processos de chacinas ocorridas no Rio de Janeiro, Cristina organizou, por onde passou, os parentes das vítimas, geralmente mulheres. Foi assim que nasceram a Associação dos Parentes das Vítimas de Vigário Geral, a Associação das Mães de Acari, as Mães da Praça da Sé, entre outros grupos. "Eu percebi, na época, que o outro lado sabia se organizar. E nós, as vítimas, não sabíamos. E como eles conhecem nossas fragilidades, criam-se intrigas e atritos. O mesmo ocorria no período da ditadura militar: existia um serviço de informação e um de contra-informação, que era usado para atrapalhar os militantes de direitos humanos", explicou Cristina.

Essa época, em que começaram a surgir organizações de mulheres pobres urbanas, coincidiu com o sucesso da temática dos desaparecidos na novela "Explode Coração", da TV Globo. Então, lembra a advogada, vinham convites de todas as partes do Brasil para que ela fosse a diversos estados assessorar a criação de organizações de mulheres que buscavam filhos, irmãos, maridos e outros parentes, mortos ou não pelo aparelho policial. "Em vez de vocês ficarem fixas num escritório, usem as praças para seus protestos. Levem as fotos de seus filhos", recomendara a advogada.

O movimento cresceu pelo Brasil e formou-se uma rede nacional. Para Cristina, o movimento de mães das periferias brasileiras constituiu um novo divisor de águas no campo político da militância de direitos humanos no Brasil. Ao se articular com outros estados, o movimento feminino carioca criou um novo referencial de trabalho, unificando lutas que estavam dispersas, sem perspectivas ou visibilidade. "Já passou o tempo das passeatas, das manifestações. Agora elas conseguiram chegar e ganhar o Congresso Nacional. As mães partiram para lá quando perceberam que nada mais seria possível se ficassem no Rio de Janeiro. Eu fiz, então, uma sugestão: que elas fossem atrás de leis paradas no Congresso, e que reivindicassem essas leis para dentro das galerias, que virassem lobistas sociais. Lobistas sem ganhar dinheiro, sem intermediários. É possível fazer lobby sem se corromper", esclarece Cristina.

Porém, na atual rede feminina contra a violência, surge um novo fenômeno. Há mulheres de classe média que, temerosas com a "democratização da violência", apóiam e participam do movimento, principalmente no Rio de Janeiro, onde é comum jovens brancos de classe média alta entrarem para o mundo do tráfico, o que desperta em muitos pais a atenção para a questão classista da segurança pública na cidade.

Para Cristina Leonardo, todas as mães de classe média – caso de Vera Dias Carneiro, já falecida, que perdeu um filho num acidente de carro – sabem que, historicamente, a violência costuma atingir mais as classes populares. Na visão da advogada, a primeira mulher de classe média a ter consciência desta histórica violência contra os mais fracos fora a novelista Glória Perez: "Para mim, apesar de tudo, a Glória Perez trouxe uma proposta nova. Isto porque muitas dessas pessoas de classe média, quando resolvem seus casos, tendem a abandonar o grupo de pressão."

Segundo Cristina, uma das soluções para qualificar a luta pelos direitos humanos é estudar a fundo a sociedade e seus aparelhos repressivos. Por isso, um dos desejos da advogada é criar a Universidade Latino-Americana de Defensores de Direitos Humanos. A instituição teria alunos de todos os países das Américas, que trocariam experiências, propostas e técnicas de combate à violação dos direitos humanos em seus países. As experiências bem-sucedidas de um determinado país poderiam ser aplicadas em outras sociedades. "Só assim a gente vai se unir e trabalhar coletivamente. Nós somos de um país que não avançou em termos de direitos humanos. Saímos recentemente de uma ditadura e estamos dependentes da democracia a qual buscamos incessantemente construir", esclarece.

CAPÍTULO XVIII

Saindo das Panelas

Ao prestar depoimento para este livro, a advogada Cristina Leonardo disse: "Tenho que reconhecer que quem começou esse movimento feminino popular foram as Mães de Acari. Elas vieram com aquelas estórias de encontrar os corpos dos filhos, de sair de suas panelas, como Vera costuma dizer." E, de certo modo, tem razão. Ao longo dos anos 1990, a sociedade brasileira ficou marcada também pela imagem da ação de mulheres da favela de Acari. O país estava acostumado a vê-las como faveladas pacatas, domésticas servis, babás pacientes e mulheres sem nenhuma instrução. Porém, esse marcante movimento social teve uma precursora: onze anos antes das Mães de Acari, em Mesquita, na Baixada Fluminense, surgiu uma das primeiras Antígonas cariocas. Era a negra Marli Pereira Soares, na época com 25 anos.

Em 13 de outubro de 1979, numa clássica ação de extermínio, policiais militares seqüestraram, de dentro de sua própria casa, o jovem Paulo Soares Pereira Filho, 18 anos. Depois, amarrado com um cinto, foi morto com 13 tiros. Marli assistiu à execução do irmão e nunca se conformou com o fato. Apesar das ameaças de morte, ela resolveu encarar o estado, naquele momento governado por Chagas Freitas, e disse para a imprensa que seu irmão fora assassinado por policiais militares, e que não era bandido, como geralmente são rotulados os jovens negros da periferia.

Em busca dos assassinos do irmão, Marli, sem contar com a ajuda de instituições de direitos humanos, foi mais de 40 vezes no 20º Batalhão de Polícia Militar do Rio de Janeiro. Lá, mais de 177 policiais se perfilaram para que fosse feito o reconhecimento daqueles que invadiram sua casa e em seguida mataram seu irmão, acusando-o apenas de marginal. Para que desistisse de identificar os PMs, Marli teve a casa incendiada, seu namorado Carlos Alberto Barbosa foi morto, e ainda foi obrigada a esconder os quatro filhos em casa de parentes.

A coragem de Marli emocionou o país. Até o então presidente João Batista Figueiredo lhe mandou uma carta, na qual apoiava sua luta para punir os policiais militares. Depois de cinco anos, Marli ajudou a justiça a condenar quatro dos oito PMs que mataram seu irmão. No entanto, mais tarde, em 1993, Sandro Soares, um dos filhos de Marli, foi assassinado e ela acusou os policiais do batalhão de Jacarepaguá pela morte do rapaz.

O fato de uma mulher pobre e negra, no início dos anos 1980, enfrentar grupos de extermínio bem protegidos, configurou-se numa nova esperança para as comunidades pobres. Para ir contra o aparelho policial era também necessário ter muita ousadia, determinação e equilíbrio mental; tanto que aquele que suportasse a pressão dos setores do extermínio seria visto como exemplo histórico para a sociedade civil. Por conta disso, Marli, a Antígona da Baixada Fluminense, acabou se tornando um símbolo precursor dos direitos humanos entre mulheres negras.

Onze anos depois, o surgimento das Mães de Acari encontrou uma nova conjuntura. Após atuarem 15 anos na busca dos filhos, as mulheres de Acari criaram um referencial de protagonismo social pouco visto na sociedade brasileira. Esquematicamente, poderíamos definir, por meio de tópicos, que este protagonismo se originou da seguinte maneira:

1. Enfrentando a polícia

Frisamos que desde os anos 1980 somente Marli Pereira "saíra de suas panelas" para encarar a violência estatal tradicionalmente produzida pelo aparelho policial. Com o Caso Mães de Acari, a mulher de periferia deu um salto, pois, efetivamente, ocorreu que um grupo de mulheres recusou-se a exercer seu papel tradicional de conformismo frente à violência e impôs um novo comportamento: o enfrentamento. Seus rivais: os policiais civis e militares e os grupos de extermínio. Era um suicídio, como se dizia na época, já que poderiam ser mortas, como acabou acontecendo a Edméia da Silva Eusébio. Nas entrevistas e nos depoimentos, as mães não temiam afirmar que a polícia estava por trás do seqüestro dos 11 de Acari. Esta coragem acabou criando na opinião pública um movimento silencioso de simpatia pelo trabalho das Mães de Acari. Todos sabiam que elas não mentiam. Estava estampada, nos rostos duros e envelhecidos daquelas mulheres, uma verdade histórica que não queria ficar nos porões. A dor por não poder enterrar os filhos foi uma das molas propulsoras desse enfrentamento. Aliás, elas já estavam acostumadas a ver, na favela, os filhos de outras mães serem assassinados covardemente. Nas comunidades, o poder público só costumava se apresentar e se tornar mais visível através da força policial; esse enfrentamento, então, mostrou a outras mulheres, com filhos desaparecidos ou mortos pela polícia, que era de fato possível enfrentar o terrível rosto da barbárie cotidiana na periferia das grandes metrópoles. O assassinato de Edméia, por exemplo, não impediu que o movimento de mães continuasse forte e atuante. O que houve, a partir dali, foi, em certo sentido, a radicalização do movimento de direitos humanos no Rio de Janeiro, com o surgimento de novas entidades e o fortalecimento das mais antigas.

2. Parceria com a polícia

Outra contribuição importante das Mães de Acari. Elas mostraram que, na verdade, o aparelho policial não é somente um exército de frios assassinos. Ao mesmo tempo em que criticavam setores ligados ao extermínio do aparelho policial, as Mães de Acari protagonizaram uma das mais bem-sucedidas parcerias entre polícia e comunidade. Elas acabaram trabalhando ao lado de policiais da antiga Comissão Especial, de investigação de crimes atribuídos a grupos de extermínio, e depois com a Corregedoria da Polícia Militar e o Serviço Reservado da Polícia Militar. Os policiais civis e militares desses órgãos encontrara mães destemidas. Neste sentido, Vera e Marilene, após a morte de Edméia, se tornaram mais agressivas e participaram de inúmeras buscas aos corpos. Ao lidar costumeiramente com esses policiais, as mães acabaram incorporando certas técnicas de investigação e entendendo a forma como os policiais agem para chegar até os suspeitos. O detetive Ivani Cardoso, da Comissão Especial, e o coronel Brum, da PM, quando tinham uma pista sobre o paradeiro dos corpos, faziam questão de levar Vera e Marilene com eles na busca. A insistência das senhoras contagiou os policiais, que as viam como mulheres fortes, capazes de encarar a dureza de uma investigação nos piores redutos do extermínio da Baixada Fluminense. Poucas vezes, na história dos direitos humanos no Rio de Janeiro, construiu-se uma parceria tão eficaz. Era uma ação inédita nas relações entre Estado e comunidade tendo em vista um objetivo comum. No entanto, tal união teve complicações mais à frente, como quando a Secretaria de Segurança Pública extinguiu a Comissão Especial, no governo Leonel Brizola. Também, em duas ocasiões, com a destituição do coronel Brum das investigações, as Mães de Acari organizaram uma manifestação de protesto em frente ao quartel-general da PM, no Centro. Era uma reação comunitária contra os velhos jogos dos bastidores do poder, onde acontecem negociações de todos os tipos. Naquele momento, o coronel Brum incomodava a diversos setores políticos que achavam que ele acabaria desmantelando os esquemas do crime organizado a partir da investigação dos grupos de extermínio. Também, durante os primeiros júris da chacina de Vigário Geral, em 1997, as mães protestaram em frente ao Palácio da Justiça, no Centro, contra a tentativa dos advogados dos réus em levantar suspeitas em relação ao coronel Brum, por este ser uma das principais testemunhas de acusação arroladas pelo Ministério Público. No Caso Acari, o coronel Brum era considerado um ídolo pelas famílias das vítimas: "Temos uma dívida social muito grande com essas mulheres", costumava justificar Brum quando era perguntado por que lutava tanto para esclarecer as chacinas de Acari, Candelária e Vigário Geral.

3. Articulação internacional

Outro salto fundamental no movimento popular feminino nos últimos 20 anos. As Mães de Acari, convidadas pelas Mães da Praça de Maio, foram o único grupo feminino popular do Brasil a participar do Encontro Mundial de Mães de Desaparecidos, realizado em Paris, em 1995, com a ajuda de Danielle Miterrand. Também fora um grupo pioneiro em articular políticas institucionais ao ser levado pela Anistia Internacional para falar a diversas instâncias de direitos humanos na Europa.

As pacatas faveladas, deixando suas panelas, vislumbraram um novo mundo. As mães, ao lidarem com a militância da Anistia Internacional, ganharam informação, conhecimento e experiência; já não eram as domésticas conformadas da periferia de Acari, mas poderosas defensoras dos direitos humanos, da legalidade e do direito de ter uma vida de paz, harmonia e tranqüilidade, em qualquer sociedade. Para conseguir isso, a luta política é necessária. Esta foi outra grande lição aprendida pelas mulheres nesta saga pela Europa. Quando regressaram ao Brasil, já haviam mudado, queriam modificar a situação das comunidades carentes, pois sabiam que aquela realidade de miséria e opressão em que nasceram era originária do confronto das forças políticas, e não de um destino predeterminado pelos deuses.

4. Inserção na mídia

De fato, o caso instigava a mídia. Mas como manter a mídia sempre atenta a ele? Basta produzir informações e fatos novos. No entanto, as Mães de Acari nunca se caracterizaram por protagonizar esquemas de *marketing* a fim de chamar a atenção dos repórteres. A sinceridade e o destemor delas eram em si um fato que provocaria editores de qualquer meio de comunicação social. Por sinal, o caso foi o primeiro tema do programa Linha Direta, da TV Globo. Eram as Mães da Plaza de Mayo brasileiras exercendo influência em todo o país. Por que, durante a ditadura militar, não houve mães tão poderosas como as Mães de Acari, tão convictas de seu papel? Por que as mães de subversivos não foram tão contundentes como as de Acari? O condicionamento de classe média as deixava conformadas com o destino dos filhos? No caso Acari, os repórteres viam que estavam diante de mulheres com um objetivo fundamental: encontrar os filhos e terminar com esse ciclo de violência contra crianças e adolescentes das comunidades carentes, que se tornara endêmico no Rio de Janeiro, tendo também atingido outros estados do Brasil. Neste sentido, não era estranho que repórteres estrangeiros visitassem Acari. Houve vários encontros com jornalistas da América do Sul, Europa, dos Estados Unidos e Austrália. Os arquivos de jornais brasileiros têm detalhado material sobre o caso; na internet, existem dezenas de referências sobre ele. Entretanto, é necessário indagar-se: se a chacina de Vigário Geral teve maior número de vítimas, por que não surgiram mães e viúvas com o mesmo impacto das Mães de Acari? Na verdade, Acari é um caso único porque reproduz um arquétipo junguiano: a mãe em busca do corpo do filho; como na obra de Sófocles em que Antígona busca livrar o corpo do irmão Polinice do terrível castigo das encostas gregas (ser devorado pelos abutres). As mães e viúvas de Vigário Geral não ganharam tanta notoriedade, talvez porque os corpos de seus maridos e irmãos foram enterrados. Por isso, então, o caso Acari provoca tamanha indignação: onde estariam os meninos e meninas que desapareceram? Em que cemitério foram enterrados? Estarão vivos e exercendo hoje uma vida privada muito distante de suas origens?

5. Assessoria a grupos

Ao longo da década de 1990, as Mães de Acari se tornaram uma referência nacional de direitos humanos. Quem, a partir daquela época, não gostaria de contar com a presença das Mães de Acari em seus eventos e organizações de direitos humanos? Em 1993, após a chacina de Vigário Geral, empresários de diversos setores, juntamente com alguns intelectuais, resolveram criar o movimento Viva Rio, que tinha o objetivo de combater a violência e instaurar a paz social no estado do Rio de Janeiro. Em uma de suas primeiras reuniões, no Jóquei

Clube do Rio de Janeiro, os organizadores convidaram as Mães de Acari para participar das discussões. Era uma confirmação da importância do trabalho das Mães de Acari em buscar a paz, a dignidade social e o combate à impunidade. As Mães de Acari marcariam presença, ainda, em todos os julgamentos dos exterminadores da Candelária e de Vigário Geral. No I Tribunal do Júri, mesmo de madrugada era possível encontrar Mães de Acari confortando parentes, torcendo por uma punição ou dando explicações jurídicas sobre o processo que se desenrolava frente aos favelados de Vigário Geral. As mães, viúvas ou parentes das vítimas de Vigário Geral, naquele momento, não tinham a "sofisticação" das Mães de Acari, que já haviam feito cursos nas áreas de direitos humanos e cidadania, trabalharam em ONG de combate ao racismo e mantiveram contatos mais aprofundados com investigadores policiais, familiarizando-se, então, com um certo jargão jurídico-policial. Na maioria dos seminários de combate à violência organizados pelas organizações populares no Rio de Janeiro desde 1990, as Mães de Acari sempre eram as primeiras a serem convidadas. Eram uma referência, uma forma visível de ação comunitária, a experiência inquestionável de lutar contra policiais e grupos de extermínio.

6. Liderança comunitária

A viagem por seis países da Europa não foi em vão para as Mães de Acari. Em Viena, por exemplo, articularam a criação de um centro cultural em Acari para qualificar a mão-de-obra de jovens da comunidade. Assim surgiu o Centro Cultural Areal Livre, em 1996, em Acari, coordenado pelas Mães e financiado por organizações de solidariedade internacional, entre elas a *Brazil Foundation*, dos Estados Unidos. O Centro Cultural, um prédio de alvenaria, ao lado de um campo de futebol da comunidade, foi uma herança obtida pelas mães após a morte do traficante Jorge Luiz dos Santos, o Jorge Luiz de Acari, enforcado em sua cela, em 1996. Ele utilizava o prédio de alvenaria para suas ações sociais. Nele, as Mães instalaram um complexo que incluía creche, escolinha de futebol, ambulatório médico e quadra para a prática de esportes. Para montar o Centro Cultural, tiveram a ajuda de Valéria Magalhães, Wal Ribeiro, Raquel Diniz e Cléia Marques, as duas últimas da *Brazil Foundation*. À medida que o Centro se desenvolvia, surgiam novos parceiros para projetos. Isso possibilitou que fossem oferecidos cursos de informática, de telemarketing, programa de atendimento à família, aulas de culinária e de corte e costura. Mesmo se afastando do projeto posteriormente por causa de enfermidades, as Mães continuaram incentivando o Areal Livre. Em 2002, o Índice de Desenvolvimento de Acari era o mais baixo de todo o estado. Segundo técnicos do Instituto de Planejamento do Rio de Janeiro, havia, na época, atraso de 3 a 5 anos na escolaridade de crianças e jovens de Acari. Deixar a escola para a opção do tráfico de drogas era a solução mais seguida pelos jovens da comunidade.

7. Ação imitada

O primeiro grupo a copiar o modelo foi as "Mães da Cinelândia". Em seguida, surgiram outros, tais como "Mães da Praça da Sé", "Mães de Sorocaba", "Mães de Mãos Dadas contra a Impunidade", "Mães Solidárias", "Associação de Familiares e Amigos de Vítimas de Violência" e o "Mães com Filhos em Conflito com a Lei". A ação das Mães de Acari estimulou a mobilização de outros grupos de mães, de parentes e de vítimas da violência em todo o Brasil. Muitos desses novos movimentos são compostos por mulheres de classe média que ficaram abaladas ao verem seus filhos se tornarem vítimas de balas perdidas, de ações organizadas por traficantes e de descaso e impotência do aparelho policial. As Mães de Acari, neste sentido, contribuíram politicamente para que os parentes de vítimas de violência se organizassem em todo o Brasil, e principalmente no Rio de Janeiro, em busca da paz social, da melhoria de qualidade da ação policial, da ação mais eficiente do judiciário e contra a ação paralisante do Ministério Público. Ao imitar as Mães de Acari e deixar a passividade, mulheres de diversos estados deram uma grande contribuição ao movimento de direitos humanos na sociedade brasileira, mostrando que, em determinados contextos históricos, a violência atinge indiscriminadamente todas as classes. É interessante, neste sentido, o Caso Acari, ocorrido em julho de 1990 no Rio de Janeiro – que, naquele momento, era atingido por uma onda de seqüestros de empresários. Àquela época, o foco da polícia era localizar o cativeiro do empresário e publicitário Roberto Medina, dono da agência Artplan e realizador dos festivais Rock in Rio. As Mães de Acari, por sua vez, lutaram tanto por reconhecimento que acabaram superando em atenção o caso Medina. Por terem constituído um movimento de direitos humanos de caráter nacional, as mães também receberam a Medalha Chico Mendes, dada pelo grupo Tortura Nunca Mais, e a Medalha Pedro Ernesto, a mais alta comenda da Câmara de Vereadores do Rio de Janeiro.

CAPÍTULO XIX

As "*Locas*" de Acari

"Se você for falar com a imprensa, será a primeira a morrer." Na época, era isso o que Vera dizia a Marilene quando os repórteres brasileiros e estrangeiros as procuravam para obter informações sobre o Caso Acari. Todas temiam a exposição em jornais e televisão devido à cultura do medo que, em geral, acomete os favelados, sempre ameaçados por perdas e interdições.

Com o passar do tempo, as mães romperam com essa cultura e, ajudadas por entidades de direitos humanos, passaram a manter uma postura crítica e aberta com a imprensa. Vera e Marilene se tornaram porta-vozes de todas as mães da comunidade, e suas ações (denúncias, determinação em localizar os corpos e crítica ao sistema judiciário) passaram a ser objetos de admiração de outras mães de comunidades carentes. Sem que percebessem, suas lutas foram comparadas à ação das *Locas de la Plaza de Mayo*, grupo de mulheres argentinas que desde os anos 1970, na Praça de Maio, em Buenos Aires, em frente ao palácio presidencial, cobravam o paradeiro dos filhos presos pela ditadura militar naquele país. As *locas* exerceram um importante papel na queda do governo militar argentino.

A ligação entre o trabalho das Mães de Acari e as da Praça de Maio só se diferenciava na questão das origens políticas do trabalho dos filhos. Enquanto os desaparecidos de Acari eram pobres – e alguns deles envolvidos na marginalidade –, os filhos das mães argentinas eram pessoas de classe média, que resolveram combater a ditadura militar ingressando em lutas armadas. Em seu livro *De la casa a la rua*, a filósofa argentina Piera Paola Oria mostra como a luta das Mães de Acari pode relacionar-se com a história das argentinas; o mesmo argumento é utilizado pelo jornalista francês Jean-Pierre Bousquet, no livro *Las Locas de la Plaza de Mayo*. Segundo Oria, em toda a América Latina "a participação popular demonstrou que as mulheres têm capacidade de mobilização por demandas específicas". Essas novas formas de participação política das mulheres "nos leva a pensar no surgimento de um novo tipo de feminismo vinculado a problemas sociais que afetam a sociedade como um todo: militarismo, crises econômicas, dívida externa e a violência generalizada que tudo isso engendra". Oria amplia o leque conceitual para as mulheres marginalizadas da América Latina, de olho na violência que as atinge historicamente. A autora, nesse sentido, defende que o feminismo social emerge em contraponto a um feminismo de classe média.

Em seu livro, Bousquet acompanha a trajetória de Marta, mulher de classe média, uma das líderes do movimento da Praça de Maio. Mãe de um pediatra seqüestrado por homens armados quando deixava seu local de trabalho, Marta realizou investigações paralelas para localizar o filho – indagou a vizinhos, amigos e comerciantes sobre seu paradeiro. Edméia, por sua vez, uma das Mães de Acari, foi assassinada quando fazia investigações paralelas para saber o paradeiro do filho Luiz Henrique. A *loca* Marta tinha a certeza de que o filho fora seqüestrado pelos organismos de repressão política da ditadura militar, enquanto Edméia, em suas entrevistas, sempre acusava policiais como seqüestradores de seu filho.

Bousquet demonstra a politização de Marta quando ela mesma diz: "vamos fazer uma manifestação na Praça de Maio, em frente à sede da presidência para que Videla (general Jorge Videla, presidente argentino em 1970) aceite finalmente preocupar-se com o caso dos outros desaparecidos". Com isso, Marta quis balançar o poder e seu símbolo de representação, o palácio presidencial da Casa Rosada. "É necessário que o mundo escute nosso grito de dor e nos ajude. Sozinhas, não somos nada", dizia Marta.

É importante notar neste contexto que as Mães de Acari, nos primeiros momentos do caso, junto com entidades de direitos humanos, organizaram uma manifestação em frente à sede da Polícia Civil, principal força de repressão contra os pobres, e, neste caso, a manifestação contava com o apoio de diversos setores da esquerda carioca.

Bousquet revela que a Praça de Maio teve importância fundamental para as mães dos desaparecidos argentinos naquele momento histórico de luta contra a ditadura. A primeira preocupação dos militares, ao assumirem o poder, foi exorcizar a Praça de Maio. "*Toda la parte central fue modificada para ubicar macizos de flores e fuentes. Ni hablar de concentrar multitudes. Solamente se pude atravessar por senderos bien delimitados mientras que, em el centro, um vasto espacio queda libre, alrededor de la Pirâmide de Mayo, que conmemora la caída Del virrey*".

Oria lembra o drama das Mães da Praça de Maio ao assumirem uma postura questionadora perante o regime militar argentino; nenhum militante clandestino da oposição tinha a disposição daquelas mulheres, que chegavam a enfrentar a guarda presidencial e a polícia durante seus protestos. Havia uma significativa redescoberta política. "Lançar-se ao mundo, ao desconhecido, enfrentar o opressor homicida, discutir e ter atitudes surpreendentes para a maioria dos poderosos inimigos empurraram-nas, de uma só vez, ao reconhecimento e ao isolamento por parte da sociedade", afirma Oria. Nesse sentido, acredita-se também que o movimento tenha influenciado as Mães de Acari. Elas também sabiam que estavam se lançando em uma aventura sem precedentes ao encarar o desconhecido. Mesmo sabendo que os filhos haviam sido seqüestrados e mortos por policiais, que constantemente praticavam extorsões na favela, elas resolveram denunciar o aparelho policial.

A filósofa diz, ainda, que a ação política das mães da Praça de Maio implicou o rompimento com tradicionais esquemas de sofrimento aos quais as mulheres estão destinadas. O sofrimento das Mães de Acari passou do privado para o público, ou seja, o sofrimento foi politizado e dividido com a opinião pública, que passou a se preocupar com a questão do extermínio de menores. As Mães de Acari – como as l*ocas* da Praça de Maio – descobriram novos papéis em suas vidas, além de filhas, esposas e avós. Descobriram papéis políticos que deveriam ser exercidos por todos. Como diz Oria: "As funções exercidas por elas sempre foram as tradicionalmente estabelecidas: filha, esposa e avó, ou seja, a maior parte de suas vidas foi dedicada a acompanhar, procriar e alimentar".

Bousquet relata confissões de argentinas que alegaram, naquela época, terem sido ingênuas antes do enfrentamento com a ditadura militar. Ao afrontar as forças repressivas, elas descobriram papéis políticos importantes. As Mães de Acari alegam que, antes de participarem do movimento de direitos humanos, desconheciam certas verdades políticas; entretanto, com a experiência adquirida, a realidade, para elas, mudou. Marilene, por exemplo, conta sempre que a Kombi que transportou os seqüestrados não foi periciada, demonstrando que aprendeu a lidar com a linguagem técnica da polícia, ou seja, já sabe que o laudo pericial é peça fundamental para absolver e condenar acusados de crimes. Ainda, seus depoimentos em duas Comissões Parlamentares de Inquérito (CPIs) provam que hoje ela está longe de ser aquela mulher acomodada. Vera, ex-líder comunitária, em Fazenda Botafogo, bairro vizinho a Acari, quando se iniciou na militância por uma nova legislação penal e começou a participar de eventos sobre cidadania, tanto no Brasil como no exterior, também aprendeu o jargão do direito processual penal. Da mesma maneira, as mães da Praça de Maio pressionaram, na justiça, contra os organismos de repressão da ditadura argentina, exigindo a liberdade dos filhos presos. Para tal empreitada, impetraram *habeas-corpus* e outras medidas judiciais.

No Rio de Janeiro, as Mães de Acari participaram de reuniões de militantes de direitos humanos e continuaram a exigir o encontro dos corpos dos filhos, baseadas na lei. Neste sentido, um dos momentos marcantes do grupo foi o encontro que tiveram com o então procurador-geral de Justiça, Antonio Carlos Biscaia. As mulheres foram pedir rapidez nos processos de apuração dos crimes de seqüestro e extorsão de Acari. Os promotores, que então assessoravam Biscaia, nunca esqueceram as exigências feitas por Edméia, que não se intimidou com o gabinete refrigerado das autoridades públicas.

Bousquet revela ainda que, no início do movimento argentino, as mães, após conversarem com as autoridades públicas, saíam chorando dos departamentos de informações do Exército. Quando perguntavam sobre o destino dos filhos, os militares lhes eram indiferentes. Eles acabavam interrogando as mães e perguntavam, demonstrando total frieza, que tipo de educação elas tinham dado aos filhos; justificavam o desaparecimento de moças e rapazes argentinos dizendo que eles tinham se envolvido com o movimento subversivo. Perguntavam também que tipo de livros os filhos das *locas* costumavam ler e se neles não havia influência marxista.

O caso das mães no Rio de Janeiro apresentava variações. No início, muitos policiais não tomavam conhecimento das Mães de Acari, pois achavam que seus filhos seqüestrados eram bandidos, e, portanto, se mostravam indiferentes. Na época, em 1990, ninguém se preocuparia com o seqüestro de 11 deserdados da metrópole, principalmente num momento em que havia uma onda de seqüestros de empresários no estado.

Já as *Locas da Plaza de Mayo* sabiam que sem a mídia o movimento poderia capengar. Os primeiros contatos com a imprensa foram frustrantes. A mídia argentina, sob a censura do governo militar, não se atrevia a levar ao conhecimento da opinião pública as crescentes manifestações de mulheres que andavam em círculos, ao redor da Praça de Maio, exigindo o retorno dos filhos desaparecidos. Era um ritual coletivo fúnebre sem precedentes na América Latina. O rompimento da barreira da mídia coube aos correspondentes estrangeiros que viviam na Argentina, que expuseram o caso das mães argentinas nos jornais, rádios e televisões de seus países.

No Rio de Janeiro, em tempos democráticos, o Caso Acari ganhou ampla repercussão, e, mais à frente, também atraiu a atenção de correspondentes estrangeiros. Isso fez com que a primeira-dama francesa, Danielle Miterrand, se interessasse pelas mães. Ela resolveu conhecê-las no Rio de Janeiro, em 1992. Após o encontro, propôs levá-las a Paris, onde, no ano seguinte, estaria organizando o encontro de mães de desaparecidos de todo o mundo.

CAPÍTULO XX

Os Outros Filhos

Marilene chegava da viagem de 20 dias por seis países da Europa. Estava exausta e louca para ver os filhos Jorge Henrique, Júlio César, Job Junior e Rita. Sentiu muita falta deles. Ao chegar em casa, matou as saudades dos seus adolescentes, que cresceram à sombra da luta da mãe que insistia em localizar o corpo de Rosana, a irmã mais velha. Ficou, então, sabendo que Job Junior, o Jobinho, estava se apresentando com um grupo de pagode, num palco montado na favela de Acari. Não pôde resistir. Resolveu assistir ao concerto do filho.

Sempre chamara-lhe a atenção o fato de Jobinho ser um bom crítico de suas ações pelas delegacias e pelos gabinetes de promotores de justiça. "Mãe, a senhora tem outros filhos para criar", lembrava sempre Jobinho. Geralmente, isto acontecia nos momentos em que a família discutia a atuação de Marilene como uma das líderes do grupo Mães de Acari, posição que exigia dela a participação em atos públicos, audiências, passeatas, parlamentos, seminários, entre outros compromissos de militância. Ela e Vera acabaram se tornando figurinhas carimbadas nos movimentos de direitos humanos, e conheceram muita gente com os mesmos problemas que elas.

Apelidada de "prefeita" pelos parentes – por sempre querer saber o que se passa na família e na vizinhança –, Marilene chegava à favela de Acari pela Avenida Brasil. Naquele momento, lembrou-se quando entrara pela primeira vez na comunidade em busca de informações sobre o seqüestro da filha, desconhecendo o local e sabendo apenas que a jovem namorava um rapaz dali, que foi quem a levou para o sítio de Suruí. Ouviu, então, um som vindo de uma das transversais da favela. Não teve dúvidas. Caminhou por uma viela e, durante o trajeto, viu um movimento incomum de moradores de Acari, que ora assistiam ao show, ora passeavam pela comunidade.

Era uma típica festa comunitária, como aquela, em 24 de julho de 1990, interrompida pelos "Cavalos Corredores". Finalmente, encontrou o local do show. Aproximou-se do palco e viu seu filho entre os artistas que se apresentavam. O rapaz, ao ver a mãe entre os expectadores, ficou alegre e emocionado. Talvez tenha pensado assim: "Após um mês sem ver a minha mãe, ela veio me ver, aqui, em Acari". Em seguida, com o microfone nas mãos, ele anunciou para o público:

"Gente, vocês não sabem, mas minha mãe está aqui, ela está chegando de viagem do exterior. Ela vem ao longo desses anos procurando pela minha irmã que foi seqüestrada. Está fazendo um trabalho muito bonito em prol da humanidade."

Marilene confessou que a fala de Jobinho também lhe deixou emocionada. Na verdade, após alguns anos, era como se seus outros filhos tivessem reconhecido sua luta em busca de Rosana. Era uma espécie de atestado de que, mesmo sacrificando a atenção aos demais, os outros filhos reconheciam que ela era uma mãe especial. Se qualquer filho desaparecesse, ela tomaria a mesma atitude: "Não podia deixar de ficar emocionada, pois Jobinho nunca tinha se referido a mim daquele jeito, publicamente. Quando eu comecei a militar nos direitos humanos, meus outros filhos tinham dificuldade de aceitar. Eles achavam que eu estava dedicando meu tempo somente para encontrar o corpo de Rosana, como se eu estivesse vendo a família somente por este fato. Eles diziam assim para mim: 'mãe, você tem esquecer esse caso de nossa irmã, você tem outros filhos para criar'".

Segundo Marilene, os quatros filhos – Jorge Henrique, Júlio César, Jobinho e Rita –, nos primeiros anos do Caso Acari, custavam a aceitar que ela deixasse a casa para seguir uma pista sobre o paradeiro de Rosana. Somente quando a mãe começou a ser respeitada em todo o Brasil por sua luta, enfocada pela mídia, os outros filhos, de certa forma, começaram a compreender que a mãe era ao menos referendada. Foram Vera e Marilene, no Centro Brasileiro de Defesa dos Direitos da Criança e Adolescente, que sustentaram uma campanha que, com ajuda de empresas, conseguiu localizar mais de 800 adolescentes desaparecidos entre 1996 e 1997.

Em outubro de 2004, Marilene mostrou para Jobinho uma parte do roteiro de um filme que pretende contar a história das Mães de Acari, a ser dirigido pelo cineasta Roberto Faustino. Ao ler a sinopse, Jobinho, que é evangélico, ficou tocado pelo enredo do filme. Foi, então, fazer uma visita à mãe, em Coelho Neto. Lá, afirmou que faria uma música para ser incluída na trilha sonora do filme, pois, advogou, fora iluminado por Deus para fazer esta canção. "Ok, meu filho, pode fazer", concordou Marilene, emocionada pelo fato de, agora, o filho estar se aproximando de um mundo no qual ela, Marilene, apostara desde o desaparecimento da irmã de Jobinho; um mundo onde, para que a paz pudesse surgir entre as famílias, era necessário lutar, e muito. Lutar até pela luta alheia, pois, para que sua paz possa surgir, você deve ter lutado muito mais que os outros. Talvez até fosse isso o que Marilene tentasse dizer a filho.

O sumiço da filha não provocou apenas o sentimento de perda em Marilene. Nos momentos de dor, ela também buscava a lucidez. Por sinal, foi em um destes momentos, entre a dor e saudade, que ela resolveu escrever esta poesia, em 1990, dedicada à filha desaparecida:

> Não me perdôo por sorrir
> Se não consigo perceber se dormes ou choras
> O que aconteceu?
> Meu coração está sem resposta.
> Como consigo viver
> Se morro em cada momento
> De saber que do meu jardim
> Esmagada a flor?
> Por que choras nesse momento com essa dor
> Que dilacera esse ventre
> Que te serviu de aconchego?
> E eu?
> Certamente era feliz.
> O que fazer? Quero saber de você
> O que te fizeram.
> Te calaram? Aí tem o privilégio de te ouvir? Onde dormes?
> Será que descansas e sabes da minha busca incansável, a sua procura?
> Dá-me a direção, me faça útil, para que esta aflição
> Se amenize e não acabe se tornando uma inútil espera.
> Sou o elo que trouxe, que lhe fiz feto, bebê, criança
> E agora, mulher. Onde dorme seu corpo que busquei na natureza as melhores
> Formas e beleza para te esculturar?
> Quero te ver nem que seja a derradeira, e que não tenhas
> Mais a graciosidade que busquei.
> Precisas me ajudar. Uma pista, uma luz.
> Para, de vez, transformar essa animosidade num grito de

felicidade ou de dor.

Para te dar certeza que dormes e não ouves quando te chamo
filha... Rosana.

Marilene
Rio de Janeiro, 2 de dezembro de 1990.

CAPÍTULO XXI

As Mulheres do Terço*

"Eu entrei numa mansão que tinha uma estátua de Nossa Senhora bem grande e um altar... Um padre pronto para rezar o terço... São 100 mulheres que se encontram todas as quartas-feiras, todas milionárias... Elas ficam sentadinhas, rezando o terço e o padre ali... Se você quiser se confessar, pode se confessar com ele. Só que elas não tinham imaginado o que a gente havia passado, como nós havíamos ficado com o desaparecimento de nossos filhos. Elas entraram em desespero quando começamos a contar, nos fizeram perguntas. Como elas não sabiam disso? Será que não lêem jornais, não vêem televisão, será que nunca aconteceu isto com suas famílias? Era impressionante."

"A mãe de Carolina – uma menina morta na saída do túnel Santa Bárbara, em Laranjeiras – estava lá. Ela, mesmo tendo muitas posses, teve uma idéia da nossa realidade. Até então eu não sabia que ela era uma mulher milionária. Inclusive, em Laranjeiras, em frente à maternidade-escola (onde Carolina foi assassinada), há uma praça com uma escultura de bronze da filha, que a mãe mandou fazer. Essa moça e a Glória Perez caminharam com a gente, apresentando também a nossa realidade, tudo aquilo que a gente passava, do que a gente pas-

---

* Depoimento de Vera.

sou nas favelas com a polícia fazendo barbaridades, batendo, aquelas mulheres não conseguiam imaginar isso. Realmente, elas não imaginavam que existisse isso. Por isso, ficamos lá umas quatro horas, elas perguntavam, queriam detalhes de tudo, algumas escreviam... Nós ficamos numa mesa grande. A residência delas era como um auditório imenso, com uma imagem de Nossa Senhora de Fátima de dois metros de altura e um confessionário para fazer confissão com o padre. Acho que elas não têm aquela coisa de sair para ir à igreja. Tudo é muito particular. Eu fiquei impressionada, porque elas estavam apavoradas com o nosso relato. Nós achávamos que pensávamos como elas. Elas achavam que a polícia nos respeitava. Não é a mesma polícia que nos aborda na comunidade, que abordava os filhos delas. Elas choravam muito, participavam o tempo inteiro, nos abraçavam. Depois fizeram um lanche, uma coisa assim muito linda, uma coisa que a gente nunca esperou. Era um lugar que, sinceramente, eu gostaria de levar meus filhos, para que eles vissem como é diferente: como é a nossa vida e a vida delas. É uma coisa fora de nossa realidade. Foi Glória Perez que nos levou. Elas distribuíram um terço, que fica numa cestinha para ser abençoado pelo padre."

*   *   *

"Numa outra ocasião, estávamos em um auditório imenso da H. Stern. Eram 100 mulheres ricas, um outro grupo de mulheres do terço. Mulheres do mesmo nível. Diferentes, só eu e a Téia, que, naquela época, ainda não era das Mulheres do Rio. Elas ficaram estarrecidas – tinha muitas mocinhas e senhoras de idade – como a mãe da Carolina, que faz parte do grupo de

Mulheres do Terço. Ela achava interessante levar para debate outros casos, não só o da filha dela. Ela perdeu a filha dela em assalto, né! Ela pisou no freio, e a balearam. Esta mãe não quis só falar sobre o caso da filha, e nos convidou para este ato. Foi uma coisa maravilhosa. Depois, até teve um sorteio de uma jóia da H. Stern, e quem ganhou foi uma delas, mas foi um sorteio lindo, passou no telão. Elas ficaram muito emocionadas, e no final da reunião nos beijaram. Fizemos um lanche no restaurante da H. Stern, e aí ficamos conversando e elas faziam mais perguntas para a gente (...) A primeira impressão que elas tiveram da gente foi de coragem; perguntaram onde a gente arranjou essa coragem. Já que eles vão e matam, por que nós tínhamos essa coragem de estar falando ali e em outros lugares. De onde a gente tirou essa força. Se a gente não tinha medo, se tinham nos ameaçado muitas vezes... Perguntaram também o que a gente achava da justiça.... Por que a justiça não fez nada, por que a promotoria não tomou providência, por que não era processo, mas inquérito..."

"Eram perguntas inteligentíssimas, mas elas não tinham capacidade de imaginar como isso ocorreu no Caso Acari. Por que não se identificou logo os policiais? Depois do que a gente contou, elas disseram que estava muito claro que havia sido os policiais. E por que não se chegou a esses policiais? E a vida de nossos filhos? Como começamos nossas vidas? Se nossa casa tinha banheiro... Elas não tinham noção do que é a pobreza que a gente levou para elas. Com certeza, ficaram envergonhadas. Porque aquele é outro mundo. O ônibus que elas usam, a gente não tem condições de usar. Um policial não é capaz de invadir as casas delas, porque na porta tem mais de 100 seguranças... Teve uma hora que eu vi que elas estavam conversando entre si – porque nós estávamos numa mesa de frente para elas, e elas faziam as perguntas."

"Eu senti que elas não acreditavam ser possível acontecer o que contávamos. Para a cabeça delas era um absurdo. A gente teve que explicar que a gente andava na rua, que fazia passeata. Elas perguntavam: 'quem participa dela? Vocês vão com o respaldo de quem? Não é possível que vocês façam isso sozinhas'. E falamos também dos recadinhos que mandavam dizendo que iam matar todas as mães, e as mulheres ficavam desesperadas (...) Eu aprendi muito com essas mulheres. Na hora, eu também me emocionei e chorei muito, até por conta das perguntas que foram muito fortes. Mas eu analisei do seguinte modo: que mundo é esse que elas viviam, que elas não sabem disso? Será que o jornal não chega até elas? Aí, uma delas, que nós já tivemos na casa dela, me disse o seguinte: 'moro nesta casa...' Ela aperta um botão para levantar persianas, tem piscina, restaurante, uma mesa espetacular com doces e salgados. Neste dia em que estivemos na casa dela, prepararam uma mesa bonita, os padres sentados à beira da piscina. Ela chegou e disse para a gente: 'aqui não tem televisão'."

"Não querem saber do mundo lá fora. Eu fiquei meio constrangida... Pensei: por que ela vai ver televisão para ver desgraça? Para ver novela e depois chorar? Porque tem uma hora em que você se sente como se estivesse dentro de uma novela, que sua vida é aquilo, mas elas não querem isso. Ela me contou algumas desgraças – como aquela da faculdade que tinha um estuprador – e que sabemos que foi preso. Queria saber por que a gente lia jornal, o que tinha sido feito daquilo, porque o filho dela tinha contado "por alto" na mesa sobre o estupro. Elas não sabem de nada, não sabem nada da vida. Eu queria que você as conhecesse. São pessoas completamente fora de nosso mundo. Mas são milionárias (...) Glória Perez não é católica. Ela não suportou. Mas ela ficou ali naquele terço, sempre conversando uma coisa e outra. Só contou a história dela. E na condição de

Glória Perez, elas fizeram bem umas 100 perguntas, que dirá conosco. Sobre o caso dela já sabiam, mas muito pouca coisa. Não sabiam que o Guilherme de Pádua estava solto."

CAPÍTULO XXII

Cemitérios Clandestinos*

"Aquele caso acabou comigo. Eu já era diabética, mas não tinha esse tipo de diabete emocional. Ela, a promotora [Fabíola Lovisi, então na única vara criminal de Magé, em 2001], me fez muito mal. Ela acabou com toda a minha esperança. Em 2001 recebi uma denúncia de que os corpos estavam naquele cemitério clandestino que a prefeitura queria transformar em usina de lixo. Levei-a até lá e ela fez todo o procedimento. Precisávamos de um geólogo, porque era um local de desova, um cemitério clandestino que, depois de nossa primeira denúncia, passa a pertencer à prefeitura. A princípio havia um senhor que se dizia administrador do cemitério. O primeiro cemitério que vasculhamos em Magé era pequeno, do tamanho de uma sala, com 40 ou 50 sepulturas. Ao lado havia um terreno baldio, que, segundo me contaram, era do detetive Peninha e fazia parte de sua imensa propriedade familiar."

"Insistimos para que o administrador desse um depoimento, no qual ele afirmou que Peninha havia ido ao local encomendar 11 covas para enterrar as pessoas de sua família. Mas Peninha nunca levou os corpos. Perguntamos por que ele era administrador e por que eles fizeram esse cemitério. Segundo ele, o cemitério não era de ninguém. Quem é que faz um cemi-

---

*Depoimento de Vera.

tério na sua casa? Disse que o cemitério era da prefeitura. Mas, na época, não era da prefeitura."

"Havia o livro de registros fúnebres, uma caixa de papelão e vários livros obituários. Ficamos eu e Marilene folheando o ano 1990 e não havia nada, nem os nomes de nossas crianças nem de pessoas enterradas. Falei sobre o material para o delegado Heraldo Gomes, na época o chefe de polícia, e ele mandou uma pessoa comigo até o local para vistoriar os livros. O que aconteceu foi que, quando voltamos, as folhas de 1990 haviam sido tiradas. O administrador disse que foi um funcionário do cemitério, o coveiro, que deixou cair uma guimba de cigarro sobre a folha de 1990. Passamos para o coronel Brum e o coronel Brum foi para lá. Mandaram chamar o administrador de novo e ele negou a história da guimba. Passados alguns meses o administrador voltou a dizer, após ser interrogado pelo Brum, que tinha o livro, completamente novo. Segundo ele, os dados foram passados a limpo."

"Certa vez encontramos um cemitério pequeno, com muitas covas reviradas. Ali era um lugar muito ermo onde as pessoas iam fazer macumba. Procurei o administrador, mas ele não estava, por isso mandaram chamá-lo em sua casa, talvez por me considerarem importante. Ele veio danado da vida, também porque já havia me confrontado na delegacia. Quis saber por que as covas estavam reviradas. Fomos vê-las e, para nossa surpresa, eram onze covas. Mexidas. Antes do administrador chegar, a gente começou a visitar o cemitério. Tinha muitos ossos enterrados naquela lama, que talvez já estivessem ali por 20 anos. Aquele lugar só era aberto para uma senhora que dava aulas de catecismo. Ela disse que tinha gente que invadia ali de madrugada para fazer macumba. Mas atrás do cemitério havia ainda algumas casas que, segundo uma denúncia, abrigaria corpos. Para nossa surpresa, em uma delas, já em escombros, havia uma tábua, uma lata preta – como se tivessem cozinhado com ela – e uns colchões. Perguntamos sobre a casa para algumas pessoas, mas foi em vão. Ninguém tinha visto gente ali dentro. Mas houve uma nova denúncia, em 2001, desse mesmo local. Levamos a promotora Fabíola Lovisi, da vara criminal de Magé. Ela foi lá, cercou tudo, e achamos um poço atrás da casa. Os bombeiros fizeram a drenagem, mas não havia nada ali dentro, segundo eles. Só que a jovem promotora chamou vários delegados, entre eles o delegado Silvino, lá da delegacia de Belford Roxo; montaram duas barracas e escreveram "imprensa" em uma e "familiares" em outra. Foi um evento! Ela levou ainda aqueles bebedouros e aquelas madames todas sentadas em volta da casa. Havia colegas dela, cada um com seu carrão. Ela ainda me pediu um *saite*, um aparelho que determina onde estão os ossos embaixo da terra, algo que nunca havia ouvido falar. Então falei com Cristina Leonardo, do Centro Brasileiro, e ela disse para eu falar com o Renan Calheiros, que na época era ministro da Justiça, sobre o aparelho, que, segundo o geólogo, custaria R$3.600,00. Cristina e eu fomos para Brasília e nos encontramos com o ministro, que até pagou nossas passagens. Na reunião nos foi entregue o dinheiro, que ficaria com a promotora. Quando regressei, a promotora desdenhou o dinheiro do ministro, dizendo que utilizaria o *saite* da faculdade. Mas uma senhora, amiga do geólogo, a aconselhou a aceitar o dinheiro, já que o *saite* da faculdade era utilizado pelos alunos e estava em péssimas condições. Só que ela não aceitou."

"Foi marcado um novo dia de escavações. A quantidade de policial que estava ali no dia era incrível, parecia que iam encontrar o Fernandinho Beira-Mar. Quando chegamos lá já eram seis horas. Então ela vem e diz que não vai ter busca porque o *saite* estava quebrado. Na segunda vez, levamos comida, porque da outra vez ficamos sete horas sem se alimentar enquanto que os outros comiam biscoito, água, e não ofereciam à gente. Fiz uns salgados e demos alguns aos jornalistas. Naquele local não tinha armazém, nem um botequim. Nada. Todo o mundo seco. Sem se alimentar direito, Marilene começou a passar mal e disse que não era possível o que estavam fazendo conosco. Eles cavavam; até me arrumaram uma tela para peneirar a terra para ver se havia ossos. Isso tudo porque não tinha *saite*. Fomos embora. Depois daquele dia, chegamos a levar, diversas vezes, jornalistas interessados em ver o local das escavações, mas ela tinha cercado tudo com fitas da Defesa Civil."

"Um dia, eu estou chegando em Campos e me liga o doutor Marcos Chut, um promotor. Ele diz que a doutora Fabíola já havia terminado a escavação. Quando chego vejo no RJTV (programa jornalístico da TV Globo) umas máquinas enormes, sob um temporal louco. Fizeram um buraco mais largo que essa casa. Depois de assistir aquilo pela televisão, vim embora de Campos. Me encontrei com a Cristina Leonardo e pedi para irmos falar com a doutora para saber se ela achou alguma coisa. Só que levou uns três meses para vê-la. Ela tinha sumido. Resolvei procurar o Piñeiro [José Muinos Piñeiro, procurador-geral de Justiça na época]. Supliquei a ele para que nos acompanhasse até Magé. Era revoltante o que a promotora havia feito. Eu estava com o dinheiro na mão, quase tudo combinado com o geólogo, mas ela não quis aceitar. Foi bastante frustrante. Ao chegarmos no local, o Piñeiro ficou aterrorizado com o trabalho feito. Para piorar, a promotora continuava sumida. Souberam que ela tinha viajado, mas ninguém sabia para onde. Finalmente a vimos no Programa Wagner Montes, dando uma entrevista. Lembro que o Wagner disse a ela: 'as mães estão chorosas porque você fez escavação sem a presença delas.' E a promotora respondeu: 'Wagner, chamei quem devia chamar.

Elas só servem para atrapalhar. É um tipo de sensacionalismo que não agüento. Eu fiz a escavação e não encontrei nada.' Algo terrível o que ela fez. Pior foi o trabalho dela de escavar. As máquinas faziam aqueles montes de terra e a chuva caindo. Acabou danificando os ossos todinhos, e ela dizia que não tinha achado nada, nem osso de cachorro. Mas eles estavam em todos os lugares. Tinha de pessoas jogadas, de pessoas queimadas em pneus. Qualquer um que vá lá se impressiona. Um dia eu conversei com ela, na Procuradoria Geral de Justiça. Ela falou que já tinha sido ameaçada. Respondi que ela deveria informar isso no inquérito. Quem tinha que ser ameaçada éramos nós, as mães, e não ela! Ela que passasse o trabalho para outra pessoa. Eu falei isso para o dr. Piñeiro, que negou ela ter mencionado alguma ameaça. Ficou a palavra dela contra a minha. Então o Piñeiro mandou chamar ela. Estava o grupo das mães lá; ele teve uma conversa privada com ela. Em seguida veio a promotora e disse que eu havia a levado a mal, mas que, para ela, nós realmente atrapalhávamos. Simplesmente não quis mais falar com ela. Depois soube que ela era filha de um desembargador e que tinha pedido para deixar o Caso Acari, pois estava magoada e triste pois eu fui à televisão falar mal dela, inclusive no Programa Wagner Montes. Na verdade, desmenti tudo que ela falou. Contei a história do *saite* e a recusa da ajuda do ministro. Eu não fui a Brasília para pegar o dinheiro para mim, não. Era para encontrar o corpo de minha filha. A promotora chegou a dizer que poderia aceitar o dinheiro, mas em outra hora. Depois, nós todas pedimos ao Piñeiro para que ela fosse punida, pois havia dito no RJTV e no Jornal Nacional que a gente atrapalhava as investigações. Mas, segundo o Piñeiro, na posição que ela ocupava, seria difícil acontecer alguma coisa."

CAPÍTULO XXIII

A Defesa da Promotoria

Durante o segundo semestre de 2004, a promotora Fabíola Lovisi explicaria por que se desentendeu com as Mães de Acari durante as investigações para localizar os restos mortais dos rapazes e moças seqüestrados há 15 anos.

A senhora pode fazer um resumo de sua participação na escavação de Magé?

Aconteceu em Piabetá, distrito de Magé. Na época, eu era promotora – não sei se da primeira ou segunda promotoria de Magé – que é responsável pela parte de homicídio. O processo de Acari ainda estava arquivado, que é uma falha da lei... Então, uma das mães, a Vera Leite, me procurou com a notícia de que naquele cemitério clandestino poderiam estar os corpos dos desaparecidos de Acari. Mas é aquela história... Até hoje os corpos não foram localizados... Deduz-se que todos foram mortos, mas não existe a garantia. Até existe essa coisa por parte das mães, que é terrível, de não poder enterrar seu filho... Acho que fica um hiato... Então, a partir daí começamos a fazer pesquisas nas universidades. Porque nossa polícia técnica não tem muitos recursos, mas as universidades têm feito pesquisas de alto nível. Então, eu chamei a UFRJ para realizar o trabalho de escavação. Escolhemos os peritos que iriam trabalhar na escavação... A gente já sabia que o tipo de arcada dentária poderia ajudar, pois o perito odontólogo, através de foto ou fragmento, teria condições de fazer um levantamento comparativo e poderia identificar a causa da morte. E tinha ainda o nosso carro-chefe, que é o serviço de geologia, que, através do GPR – *Ground Penetration Radar* –, poderia nos ajudar bastante. O GPR é um radar de penetração profunda, que faz um trabalho de ultra-som. Ele captura imagens do solo e as leva para um *lap top* que gera gráficos... Quando você enterra alguma coisa, você cava... não há aquela composição, tipo, ah, chove, aí desce a terra... Então, a gente teria que encontrar alguma coisa, ou não, durante a escavação. O geólogo interpreta a partir dos defeitos do solo.

Quantas foram as escavações para localizar os supostos ossos dos jovens de Acari?
Na realidade, no início, foi para organizar a área, que foi toda mapeada, numerada e isolada para se fazer o levantamento que queríamos realizar.

A senhora recusou o radar que o Ministério da Justiça alugou para fazer o trabalho de prospecção geológica?
A questão foi a seguinte. Em primeiro lugar, eu tinha que correr contra o tempo. Porque era uma área objeto de um inquérito civil na Curadoria de Justiça. Se não me engano, por causa de uma usina de lixo. Isso já tem uns cinco anos. Bem, era o fator tempo. Nós sabemos da burocracia de fazer uma coisa paga. Como existia essa fundação da UFRJ, para dar mais lisura, optamos pelo aparelho já usado por uma equipe de pesquisadores da Universidade, nem que isso fosse questionado depois.

Há uma versão que conta que a senhora não conseguiu levar o aparelho nem na primeira nem na segunda escavação. Por que isso ocorreu?

Na primeira vez, houve um problema de comunicação com a UFRJ. Mas o negócio foi solucionado em relação à data. Na segunda, aconteceu tudo certo...

Mas o aparelho foi para lá?

Mas é um procedimento rápido. A demora foi se montar uma rotina de trabalho para funcionar...exatamente. Se não me engano, no último dia, tinha um problema de chuva...

A senhora reconhece que a escavação ocorreu em um momento inapropriado porque estava chovendo?

Não. Olha o trabalho dá muito orgulho de saber que a gente tem condições de investir em tecnologia criminal... fazer convênios com uma universidade, aproveitar isso. Todos têm esperança de um dia (principalmente quem trabalha na área criminal) utilizar esse tipo de tecnologia a serviço da solução de crimes.

Mas houve escavação dentro dos padrões?

Sim, tudo foi feito. Só começou a chover no final.

Outra coisa que foi motivo de queixa foi que a senhora não chamou as mães para a escavação final.

Eu me comuniquei com a Procuradoria. Aí, houve problema em relação a horário. Mas elas estiveram lá, só que fora do horário... Na verdade, elas chegaram no meio do procedimento.

Mas houve um relacionamento conturbado entre a senhora e as mães?
Sim, mas porque eu já tinha viajado, tentei me comunicar com o procurador-geral.

Por que esse trabalho não teve resultado positivo com tecnologia moderna?
Porque os corpos não estavam ali. Existia um outro questionamento...de várias possibilidades. A gente parte para fazer um trabalho desse porte quando as coisas, as informações são coerentes...Mas havia outras possibilidades. Cogitaram de que os corpos poderiam ter sido jogados em um canal, sem delimitação.

Aquele cemitério escavado não era perto do sítio de Peninha?
Não, eu fui ao sítio de Peninha, mas fica do outro lado.

A senhora acha que Peninha está envolvido no Caso Acari?
Eu acho que sim, mas ele também já morreu. Se ele estivesse vivo, eu não teria dificuldades em denunciá-lo. Eu conheci o caso de outra maneira. Todo mundo contava a história de um policial, o Peninha, que tinha uns leões em casa, e que tinha o hábito de eliminar desafetos dando o restante para a comida dos leões. Só que aí existe um outro problema. O leão não come os ossos. Existe também uma outra coisa: um dos envolvidos no caso teria uma criação de porcos. Não me lembro o nome, eu sei que era alguém que morava na área, porque, inclusive rodou todos os lugares por ali. Rodamos os supostos locais. Esse local onde existe este cemitério clandestino seria próximo ao local onde a Kombi foi encontrada.

Este caso é solucionável?

As dificuldades são maiores quanto mais tempo se distancia das datas dos fatos. Porque os vestígios vão desaparecendo, as pessoas envolvidas, morrendo. As pessoas que poderiam trazer informações mais consistentes estão evaporando.

E esses corpos serão encontrados?

Se efetivamente se achar um pedacinho de osso que a gente possa provar que foi de uma das vítimas de Acari, então deixa de ser seqüestro para ser homicídio. E aí a prescrição é de 20 anos.

CAPÍTULO XXIV

Cultura de Extermínio

"Carta Aberta
Ao Exmo. Governador Moreira Franco

Nós, entidades signatárias desta, vimos denunciar a V. Exa. a ação do juiz Rubens Medeiros, da 4ª. Vara Criminal desta comarca, o qual, no dia 4 de junho de 1990, revogou a prisão preventiva dos quatro assassinos de João Antonio dos Santos, causando-nos revolta e indignação. Trata-se de mais um ato que vem consagrar a impunidade daqueles que integram os chamados "grupos de extermínio", que agem como bandos organizados, desrespeitando todos os valores éticos e morais do nosso povo e imprimindo em nossas cidades um cotidiano de medo, violência e morte.

José Lino Gomes, Walter da Rocha Quitério, José Francisco de Andrade e *Evandro dos Santos Santana* figuram em muitas listas de integrantes de grupos de extermínio divulgados pela imprensa (conferir anexo 1). Foram pronunciados pelo juiz Rubens Medeiros, que, por estar convencido de que eles mataram João Antonio dos Santos por motivo torpe e de forma cruel (com muitos tiros de arma de fogo), determinou que fossem submetidos a julgamento pelo Tribunal do Júri. Porém, embora certo da periculosidade dos assassinos, o Juiz entendeu que deveria soltá-los, para que fossem julgados em liberdade. Denunciamos, outrossim, que a alegação do juiz de que os réus são primários e têm bons antecedentes, um dos pretextos para a soltura, não corresponde à verdade.

Para o juiz Rubens Medeiros, pouco importa a segurança das testemunhas que, corajosamente, colaboraram para a elucidação do crime; pouca importa a família da vítima, que já perdeu dois de seus membros – um deles, menino de oito anos, assassinado pelo soldado PM José Francisco de Andrade – em conseqüência da atuação criminosa dos quatro homicidas; pouca importa a segurança da população de Duque de Caxias, que confiava na ação da autoridade judiciária. O Juiz Rubens Medeiros releva tais considerações e libera os assassinos para que voltem às ruas e, provavelmente, pratiquem novas violências... Confirmando tais expectativas, poucos dias depois de ser posto em liberdade, José Lino Gomes (Zitinho) foi reconhecido por testemunha de outro homicídio como sendo uma das pessoas que estão rondando sua casa em atitudes ameaçadoras.

Denunciamos também que não é este um ato isolado na carreira do citado juiz, cuja prática de favorecimento dos criminosos em detrimento do interesse da população soma vários outros atos, dignos de nosso repúdio (conferir anexo dois).

Esta carta tem por objetivo cobrar do Governo do Estado do Rio de Janeiro uma ação enérgica no combate ao crime organizado, que desenvolve sua atividade escabrosa especialmente na Baixada Fluminense, Volta Redonda e Barra Mansa, a começar por uma pressão sobre as autoridades policiais e do poder judiciário para que cumpram corretamente com a sua função.

As entidades de Defesa dos Direitos Humanos que constituem o Fórum Permanente Contra a Violência estão dispostas a travar uma luta sem tréguas para pôr fim à violência em nosso Estado, restabelecendo a cidadania de nosso povo.

Duque de Caxias, 17 de junho de 1990

Entidades que assinam esta carta:
- Fórum Permanente Contra a Violência
- Centro de Defesa dos Direitos Humanos João Cândido, de Duque de Caxias
- MUB – Federação das Associações de Moradores de Duque de Caxias
- Sindicato dos Trabalhadores Rurais de Duque de Caxias
- Diocese de Duque de Caxias e São João do Meriti
- Pastoral do Menor da Diocese de Duque de Caxias
- Centros de Estudos e Pesquisa da Baixada – Cepeba
- Conselho Comunitário de Saúde de Duque de Caxias
- Comissão de Luta pelo Trem de Duque de Caxias
- Diaconia Ecumênica Fluminense
- Centro de Defesa dos Direitos Humanos de Petrópolis
- Cáritas Diocesana de Nova Iguaçu
- Comissão Diocesana de Justiça e Paz de Nova Iguaçu
- Movimento Comunitário contra a Violência de Volta Redonda e Barra Mansa
- Comissão dos Direitos Humanos de Volta Redonda
- Comissão dos Posseiros Urbanos de Volta Redonda
- Agentes da Pastoral de Negros do Estado do Rio de Janeiro
- Centro de Articulação de Populações Marginalizadas
- Serviço Francisco de Justiça, Paz e Ecologia do Estado do Rio de Janeiro

- Federação das Associações de Moradores de São João do Meriti – ABM.
Cópias para: Exmo. Sr. Desembargador Presidente do Tribunal de Justiça do Estado do Rio de Janeiro e Exmo. Presidente da Assembléia Legislativa do Estado do Rio de Janeiro."

Passados 15 anos, ainda existem senões nesta carta-manifesto divulgada para a mídia em junho de 1990. Em primeiro lugar, a mobilização popular revela que havia uma epidemia de mortes provocada por grupos de extermínio no Estado do Rio de Janeiro, principalmente durante o governo Moreira Franco.

Chama a atenção, neste sentido, o fato de a carta ter sido redigida após a Polícia Civil divulgar a existência de 50 grupos de extermínio na Baixada Fluminense. Os policiais mostravam ainda suas localizações geográficas e os nomes de seus componentes. Ou seja, o trabalho feito pela Comissão Especial de apuração de crimes cometidos por grupos de extermínio tinha tido um sentido prático importante, pois era possível se chegar aos assassinos e levantar provas contra eles.

Em segundo lugar, essa carta revela ainda como naquele momento o movimento popular da Baixada Fluminense estava bastante organizado para também denunciar a ação de extermínio. Foram 20 entidades ligadas à Igreja e ao movimento popular de Duque de Caxias, Nova Iguaçu e Volta Redonda que assinaram a carta-aberta à população carioca. Das 20 entidades, seis eram organismos da própria igreja. Isso é até explicável porque a participação ativa da Igreja progressista na luta contra o extermínio na região era uma questão de época muito presente, ou seja, não havia como afastar a Igreja da antiga linha da "Teologia da Libertação" quando os católicos se defrontavam com a violência cotidiana que atingia os fiéis da região.

Devemos destacar, neste sentido, que, no final dos anos 1980 e início dos 1990, a militância católica era persistente, ousada e determinada, e se tornara presente na organização de comunidades eclesiais de base, nos diversos tipos de pastorais, nos núcleos de agentes de consciência negra e nos conselhos populares de bairro montados para reivindicar melhores condições de vida. Era a luta para construção da cidadania, tendo como pano de fundo a pesada herança antidemocrática deixada pela ditadura militar.

Fora, então, neste furacão incontrolável por mudanças sociais, onde surgiram diversas lideranças negras-populares que começaram a questionar a morte pura e simples de indivíduos pobres em circunstâncias que lembravam que os exterminadores pareciam ter privatizado a justiça penal, impondo, assim, seu próprio tribunal de justiça ao restante da sociedade. Ao denunciar a indústria da morte, os líderes populares também sabiam que corriam o risco da retaliação. Mas, mesmo assim, sustentavam suas acusações contra os cultores da barbárie.

Um ano depois do aparecimento da carta-denúncia, a Assembléia Legislativa do Estado do Rio de Janeiro (Alerj) criou uma Comissão Parlamentar de Inquérito (CPI) que durante um ano investigaria as ligações dos grupos de extermínio com comerciantes, poder judiciário e ministério público. Naquela ocasião (1991), o relatório final pediu prioridade à polícia para investigar e desmantelar os grupos que vinham impondo o terror em diversas regiões do Rio de Janeiro.

Em terceiro lugar, na época do manifesto, pontificava, na 4ª Vara Criminal de Duque de Caxias, a já falecida promotora Tânia Maria Salles Moreira, que, desde o final dos anos 1980, desenvolvia uma guerra sem trégua contra os grupos de extermínio da região. A promotora, inclusive, tinha sido uma das depoentes da CPI do Extermínio em 1991, na qual relatara como funcionavam os grupos de extermínio e sua ligação com o poder local das cidades da Baixada Fluminense. Filha de um policial civil, e que desde cedo conhecera as artimanhas do aparelho policial, Tânia fora autora, também em 1991, de um dossiê distribuído para diversas entidades de direitos humanos do Brasil e do exterior, no qual denunciava a inoperância do poder judiciário em combater os grupos de extermínio de Duque de Caxias.

Tânia entendia que a impunidade destes grupos era acalentada por instâncias superiores. Ela, então, estimulou e catalisou para si o desenvolvimento de entidades de defesa da cidadania em Duque de Caxias como uma retaguarda para suas ações de combate à morte de deserdados da Baixada Fluminense, feita, em geral, por grupos integrados também por pobres. Isto porque os exterminadores em geral eram PMs, ex-PMs, guardas municipais e desempregados da periferia, e estavam sendo amparados por estruturas políticas muito fortes na região. Na versão de Tânia, essas estruturas políticas tinham muito interesse em manipular a mão-de-obra do extermínio em acordo com seus interesses.

Quarenta dias depois da divulgação da carta-manifesto de Caxias, aconteceu o extermínio de Suruí, em Magé, com os 11 mortos, o Caso Acari.

Naquele momento, os exterminadores eram sustentados financeiramente pelos comerciantes da região. Esse financiamento implicava dizer que os matadores deveriam eliminar – além de crianças e adolescentes que perambulassem nas imediações de estabelecimentos comerciais – ladrões e assaltantes em geral. Os comerciantes, no entanto, temiam que os meninos e meninas assaltassem a eles e a seus clientes, e por isso os elegeu como grupo número um que deveria ser reprimido.

Segundo Subrack, a ação de extermínio financiado por comerciantes seria um exemplo do poder privado competindo com o poder de estado. O fenômeno dos "justiceiros", segundo ele, indicaria, por exemplo, um retorno à vingança privada a comprovar a crise do sistema penal e o risco do retrocesso democrático no país (1).

Para situar sua análise no contexto político brasileiro, Subrack faz o seguinte retrospecto da gênese dos grupos de extermínio no estado do Rio de Janeiro:

> A prática do extermínio tem sua gênese nos esquadrões da morte do período autoritário instalado em 1964, embora o Esquadrão da Morte tivesse nascido já em 1955, no antigo Distrito Federal, posteriormente denominado Estado da Guanabara e atual Rio de Janeiro, nas gestões do Amauri Kruel, então Chefe de Polícia e quando Presidente da República Café Filho. O Esquadrão era formado por policiais lotados na Delegacia de Diligências Especiais que matavam bandidos considerados perigosos e jogavam os cadáveres em precipícios situados na antiga rodovia Rio-Petrópolis. Esse grupo foi dissolvido e, em 1960, surgiu outro, no governo Carlos Lacerda, comandado pelo secretário de Segurança, Gustavo Borges. Eram policiais liderados pelo detetive Milton Le Cocq, egresso da ex-Polícia Especial, a guarda de elite do ex-presidente Getúlio Vargas. Le Cocq teria imposto uma filosofia: não aceitar dinheiro de ninguém para matar. Nas caçadas, nunca atirar em bandidos desarmados, rendidos. Só se reagissem (p.116).

Outros autores fazem observações mais gerais sobre a cultura do extermínio, ampliando seu leque para a sociedade brasileira em geral. Filho e Neder afirmam que a violência não é um fenômeno novo na sociedade brasileira, estando presente desde o início da colonização (2). É o que diz também Verani em seu estudo clássico sobre os autos de resistência à autoridade policial. Segundo Verani (3), a pedagogia do colonizador foi sempre exercida através do massacre e do extermínio. Ele escreve: "Essa prática de extermínio não é ocasional, nem contigencial. Integra um projeto de sociedade, baseado na exclusão econômica e social, na exclusão da vida" (p.142).

Subrack, por seu turno, ao focar sua análise somente para a contemporaneidade do fenômeno, diz que o perfil dos grupos de extermínio começa a mudar a partir dos anos 80 do século XX. Os exterminadores, segundo ele, começam a agir com o estilo de "polícia mineira" (alusão à severidade de atuação de policiais de Minas Gerais).

Isso quer dizer que os grupos de extermínio fundamentaram mais ainda a repressão àqueles que julgam que não mais servem à sociedade, que são classificados como "lixo", e que eles, os exterminadores, necessitam "limpar a área" para que esta possa estar livre dos " indesejáveis".

Em nossa opinião, já começa, aqui, a se fundamentar um código de ética às avessas dos exterminadores, pois, agora, seus alvos são bem definidos e há uma justificativa moral para o desencadeamento da ação letal contra os mais fracos das comunidades de periferia do Rio de Janeiro.

Esse novo perfil do extermínio tem outro estilo profissional: formado por bandidos, policiais e ex-policiais, eles já vendem proteção a comerciantes da Baixada Fluminense. Também compõem essa nova mão-de-obra de extermínio os chamados "justiceiros", que seriam "protetores" e "anjos de guarda" de comunidades carentes e que matam pessoas, convictos de que são justos em sua ação de "limpar a área".

Ou como detalha Subrack :

Tais grupos continuam atuando contra segmentos da sociedade. Na área rural, assassinam sindicalistas e lavradores. Nos centros de algumas cidades, matam homossexuais e outras minorias. Em quase todo o país, promovem o extermínio de crianças e jovens, filhos de famílias pobres e expropriadas. Estes exterminadores propagam uma pena de morte que existe na prática, que se institucionaliza no cotidiano. A sociedade, por sua vez, banaliza a violência e a morte. O extermínio torna-se *natural*, revestido da idéia de assepsia e de limpeza social. A morte de crianças e adolescentes é admitida para evitar a existência do futuro marginal (p.117).

É interessante perceber uma distinção histórica na atuação dos grupos de extermínio, na visão de Subrack. Ele mostra que os primeiros grupos de matadores se orgulhavam da função de assepsia social ao eliminar bandidos adultos supostamente envolvidos com o crime.

Já nos anos 1980, as vítimas deixam de ser potencialmente os marginais adultos, mas crianças e adolescentes, os chamados menores de rua, que, para a surpresa da sociedade brasileira, passam a ser objetos de violentas chacinas no Rio de Janeiro e outros estados do Brasil durante este período. Para Subrack, os menores passaram a ser exterminados no Brasil porque se tornaram uma "classe perigosa". Segundo ele,

(...) os menores estão sendo exterminados no Brasil, principalmente, porque formam uma população de risco que enseja medo aos grupos dominantes. Se, historicamente, os negros e os índios são vítimas da crueldade das elites nacionais, se nos anos 20 os anarquistas, e, a partir dos anos 30, os comunistas, são perseguidos pelo Estado por serem considerados perigosos, se durante o regime militar (1964-1985), todo opositor a essas ditaduras representava uma ameaça ao poder, a partir dos anos 80, são os *meninos de rua* vistos como perigosos, que se tornam alvo de uma forte repressão, de um verdadeiro extermínio porque se acredita que eles não têm futuro, são potencialmente delinqüentes, portanto nocivos à sociedade, devendo ser eliminados fisicamente (p.118).

Mesmo com a reação do Estado (com a prisão dos exterminadores), a punição nos tribunais de júri da Baixada Fluminense era muito complicada em função da estreita ligação desses matadores com o poder local, como enfatiza Tânia Moreira, que por mais de 15 anos fora titular da quarta promotoria criminal de Duque de Caxias (4). Ela explica:

> Eram muitos matadores, todos querendo ficar impunes. Valia qualquer expediente em momento tão delicado: coação de testemunhas, desprestígio às autoridades constituídas, tudo era válido para aqueles homens que tinham tanto a perder. Conforme eles iam ganhando terreno, iam ficando mais ousados. Tanto assim que De Souza, famoso matador e dono da Segurança Jeans, mandou publicar nos jornais locais um convite para que o povo fosse ao plenário de júri de Nova Iguaçu assistir sua absolvição. Ele foi realmente absolvido em todos os processos por homicídio. Passados alguns anos, o mesmo De Souza fez subir aos céus da Baixada Fluminense um balão que levava uma inscrição: 'A justiça sou eu-de-souza' (p.35).

A ousadia dos exterminadores estava alicerçada no fato de muitos deles serem amigos de autoridades da região. Em fins dos anos 1980, a imprensa carioca publicou diversas reportagens mostrando que conhecidos matadores tinham carteirinhas de oficiais de justiça *ad hoc*, dadas até por juízes. Era uma situação surrealista: o morador via o matador oficializado como integrante do judiciário.

Outra situação juridicamente perigosa era o fato de que muitos matadores pertenciam à Guarda Municipal, principalmente em Duque de Caxias. Tânia Moreira chega a escrever que "todo matador de prestígio na localidade tinha uma carteirinha da Guarda, além, é claro, de uma carteirinha de oficial de justiça *ad hoc*" (p.108). Assim, os exterminadores exerciam múltiplos papéis "oficiais", e estes indicavam que eles poucas vezes seriam molestados pela polícia, pois detinham poderes públicos e privados bastantes ampliados diante de uma população amedrontada, sem direitos e vivendo em condições miseráveis. Essa via de entendimento institucional da ação do extermínio ganhou também outra interpretação interessante, pois mostrava que o fenômeno era complexo e implicava múltiplas deduções.

É o caso analisado por Santos. Segundo este estudioso, o fenômeno do extermínio de crianças e adolescentes no Rio de Janeiro especificamente a partir dos anos 1990 passa a ter como referencial o surgimento de grupos organizados somente para trucidar grupos específicos (5). Ele escreve:

> À medida que não só os que exterminam acham que estão fazendo justiça, mas, o mais grave, grande parte da população passa a concordar que quem rouba ou *vacila* merece morrer, como se o crime de roubo fosse *mais perverso* que o crime de assassinato (p.20).

Ou seja, na visão de Santos, existe hoje uma cultura do extermínio que tem atuado contra grupos sociais marginalizados como jovens, negros e favelados e se apresenta como um meio de eliminar o outro de uma forma generalizada (p.20).

Como o afrobrasileiro passou a ser visível através de sua cor nos corpos desovados pelos exterminadores em locais ermos da Baixada Fluminense, foi por aí, então, que as entidades do movimento negro carioca passaram dos anos 1980 para cá a defender a tese segundo a qual havia um extermínio sistemático/histórico do negro, que mudava de configuração ideológica a cada época histórica onde se apresentava.

Naquele momento – início dos anos 1990 –, os movimentos negros também decidiram lutar para que o item cor pudesse fazer parte dos boletins de ocorrências nos "encontros de cadáveres" que abundavam na Baixada Fluminense e em outras regiões periféricas da metrópole carioca, mesmo com a classificação "cor" gerando muita polêmica, já que a polícia científica, na época, trabalhava com categorias genéricas tais como moreno-claro ou moreno-escuro para determinar a cor da epiderme dos corpos por morte violenta que tinham que examinar.

Essa campanha prosperou, e mais à frente ela entrou com força total no movimento social carioca. Este movimento pedia que os negros brasileiros assumissem sua cor no censo de 1990. Isto para demonstrar que eles representavam um setor populacional muito significativo no Brasil. Os militantes negros queriam que os próprios negros não tivessem vergonha de sua cor e a declarassem no censo. A campanha "Não deixe sua cor passar em branco" distribuiu para a militância negra milhares de cartazes, camisetas e *folders* pelo país inteiro. Com o resultado positivo da campanha, o fato possibilitou, mais à frente, que o censo acabasse trazendo dados significativos sobre o negro, suas famílias e como sua cor pesava negativamente para que ficasse em desvantagem em relação aos brancos.

Foi, então, que o movimento social pediu que as lideranças negras reivindicassem a implementação de políticas de ações afirmativas para reduzir a distância de padrões de ascensão social entre negros e brancos. Essas reivindicações começaram tímidas, meio escondidas nos cantos dos jornais, e realmente ganhou dimensão no final dos anos 1990, pela pressão internacional. Alguns governos estaduais começaram a implementar políticas de cotas raciais nas universidades, despertando a ira de setores conservadores da inteligência.

Na questão do extermínio de crianças e adolescentes, outra tese começou a ser desenvolvida pela militância negra, causando preocupação nos setores conservadores: o extermínio de menores negros vem desde da Lei do Ventre Livre, de 1871, quando o Estado liberou o fazendeiro da obrigação de prover as crianças negras nascidas a partir daquela data. Ou seja, embora livres, as crianças, filhos de escravos, continuavam escravas na prática, e só lhe restariam um caminho para sobrevivência: mendicância nas ruas dos centros urbanos.

Boff (6) aborda a questão da relação do escravismo com a violência sistemática contra o negro, fazendo com que o elemento afro se torne um certo corpo à disposição para as práticas de violência estatal:

> Essa anti-realidade social criou nas elites uma subjetividade coletiva altamente perversa. Elas criaram a mentalidade de que o negro, o pobre e o povo em geral nada valem, de que devem ser tratados com violência, porque sempre foi assim, de que, na verdade, não deveriam receber salário mínimo, pois historicamente sempre estiveram a serviço gratuito dos senhores. Estes entendem o salário mínimo pago a eles como um ato de generosidade e não de justiça. A violência física contra os pobres e negros vem precedida pela violência mental que discrimina, nega o direito da cidadania e não lhes reconhecem direitos incondicionais (p.11-12).

Passados mais de 134 anos da Lei do Ventre, as crianças e adolescentes negros estão nas ruas, e passaram a ser vistos como potencialmente perigosos/sem futuro, e sujeitos às novas penalidades da repressão paralela dos grupos de extermínio, como detalhou Boff mais atrás. Para se contrapor à ação dos grupos de extermínio e à insensibilidade da burocracia estatal, os movimentos sociais voltaram a afiar suas garras. Já com ajuda de entidades internacionais, na década de 1980, passaram a produzir campanhas nacionais chamando a atenção para a situação de abandono das crianças e adolescentes, e clamando pela instauração de uma nova lei para dar conta da realidade das ruas.

Uma das campanhas que mais chamou a atenção da opinião pública foi a "Não mate nossas crianças", que, através de cartazes, *folders* e seminários, disseminou a tese do extermínio do negro nos centros urbanos e rurais. A campanha mostrava que as vítimas de ações violentas nas metrópoles brasileiras tinham quase sempre um perfil inalterado: negro, pobre, sem emprego, morador de rua e sem nenhuma política social para garantir seus direitos.

As campanhas continuaram surgindo em todos os lugares. No Rio de Janeiro, em particular, durante esse período, apareceram os primeiros relatórios mostrando o crescimento do fenômeno da violência contra meninos e meninas de rua, a partir de revistas produzidas principalmente pelo Centro de Articulação de Populações Marginalizadas (Ceap), pelo Movimento de Meninos e Meninas de Rua, pelo Ibase e por outras ONGs dedicadas aos direitos humanos e cidadania. São lançadas mais campanhas e relatórios em inglês e francês abordando a questão, e trazendo para o epicentro da sociedade brasileira um debate nunca visto sobre a violência contra os mais fracos.

Os extermínios de menores na Baixada e no Rio de Janeiro confirmam as teses da militância, e o Estado vê-se empurrado contra a parede, sendo obrigado a dar satisfações à opinião pública brasileira e internacional, já que os correspondentes estrangeiros de jornais dos Estados Unidos e da Europa começam a cobrir a ação dos grupos extermínios no estado.

O extermínio desperta a atenção da militância internacional de direitos humanos, principalmente da Anistia Internacional e da Federação Internacional de Direitos Humanos que enviam representantes ao Brasil para monitorar os casos de grande repercussão. Por sua vez, as entidades de direitos humanos cariocas passam a monitorar as estatísticas oficiais de mortes violentas contra menores. Então, surgem os atritos: os técnicos da polícia discordam da interpretação estatística feita pela militância de direitos humanos.

No entanto, o fato é que essa militância conseguia detalhar para a opinião pública que havia um extermínio sistemático cujo objeto central era o menino negro. Em vista disso, a Anistia Internacional divulgava relatórios para o mundo mostrando a barbárie do extermínio de menores no Brasil, e exigia que fossem criados diversos programas destinados a retirar as crianças e adolescentes das ruas do Rio de Janeiro.

Essas pressões resultaram, em 12 de outubro de 1990, na decretação, pelo então presidente Fernando Collor de Mello, do Estatuto da Criança e do Adolescente (ECA), uma legislação avançada e pioneira em defesa dos direitos dos menores. Essa nova lei fora motivo de luta de todos os movimentos sociais espalhados pelo Brasil.

Em 2005, o ECA completa 15 anos de vida, com pressões de todos os tipos para que seja modificado. Existe até uma corrente político-ideológica no meio jurídico-empresarial para reduzir a idade de responsabilidade penal dos adolescentes, ou seja, essa corrente quer colocar na cadeia menores que cometem crimes graves.

Em substituição ao antigo e defasado Código de Menores, o ECA não conseguiu, no entanto, impedir que as chacinas de menores continuassem. Na madrugada de 23 de julho de 1993 (três anos após o início da validade do ECA), na porta da

Igreja Nossa Senhora da Candelária – a *Notre Dame* brasileira –, no Centro, oito meninos de rua que dormiam friorentos embaixo de farrapos são mortos a tiros por policiais militares, numa expedição punitiva pouco vista no Rio de Janeiro. Anteriormente, em 1989, havia ocorrido duas outras chacinas de menores, com 12 mortos: uma em Nova Jerusalém, em Duque Caxias, e outra na favela Mandala, em Riachuelo. A Candelária, pelo seu significado simbólico (centro financeiro do Rio de Janeiro, ao lado da Associação Comercial e dos bancos multinacionais), fortaleceu mais ainda a tese do extermínio específico de menores no Rio de Janeiro. Mesmo assim, o poder público achava ainda que o extermínio era uma força política localizada, restrita à Baixada Fluminense, embora a Candelária fosse uma importante exceção.

No entanto, um mês depois acontece a Chacina de Vigário Geral, com 21 mortos, e novamente as teses sobre a perfeita organização dos exterminadores dentro do aparelho policial fica mais consistente. O governo Leonel Brizola, então, fica numa encruzilhada: tem que dar uma satisfação pública a três chacinas de repercussão internacional.

A militância social, por sua vez, aproveita para reforçar mais suas propostas teóricas. Em entrevista ao jornal *O Dia* (27/07/1993), o então Bispo de Duque de Caxias, Dom Mauro Morelli, faz graves acusações à forma como o Estado age. "Com o extermínio de crianças, atingimos o mais perverso estágio do modelo de desenvolvimento implantado em território brasileiro", diz ele.

O próprio Dom Eugênio Salles, então cardeal-arcebispo do Rio de Janeiro, considerado um católico conservador, não consegue resistir ao clima de barbárie implantado no estado. "O número de assassinos em nossa cidade é um escândalo. Não importa alegar que isso resulta de lutas entre grupos para o controle da venda de tóxicos. A imagem de Deus, estampada no próximo, exige mudança de comportamento", disse ele ao *O Dia*, em 31 de julho do mesmo ano. "O massacre da Candelária, com sua impressionante repercussão nacional e internacional, é demasiado grave para que tenha o destino de outros tantos casos no Brasil", reafirmou, por sua vez, num trecho de um editorial do *Jornal do Brasil*, publicado em 29 de julho de 1993.

Se, por seu lado, o movimento social se escandaliza com a chacina, setores conservadores da sociedade reagiram favoravelmente aos assassinos, como também acontecera com o massacre de 111 detentos – em sua maioria negros –, no presídio de Carandiru, em São Paulo.

O jornal *O Dia*, que tem como público as classes populares, também foi alvo dos conservadores que expressavam a opinião de estratos contrários à extensão da cidadania para os deserdados das ruas da cidade. "Em cartas escritas ao *O Dia*, há quem lamente não ter participado da chacina; quem ache que os meninos de rua são apenas bandidos e, como tal, devem ser punidos, de preferência com a morte; quem veja, na expedição selvagem que juncou de sangue as imediações de um templo, a materialização de um desejo até então expresso em surdina ou adormecido no subconsciente coletivo" (A. B., leitor, O DIA, 01/08/1993).

"Conclamamos a todos para montarmos em cada bairro um bom e eficiente grupo de extermínio (...). Poderíamos usar os meios que os nobres moradores de Olaria utilizaram, ou seja, daríamos uma surra em praça pública e depois, com pequenos goles de gasolina, o fogo faria o resto" (H. T., leitor, em O DIA, 01/08/1993).

Se boa parte dos leitores de jornais estava reproduzindo o modelo de pensamento nazi-fascista que vinha tomando corpo na sociedade, as entidades de direitos humanos também ficaram atentas à repercussão do caso. Começaram a surgir relatórios mostrando o crescimento do número de adolescentes mortos nas estatísticas de morte governamentais.

Um estudo do Ceap, "Levantamento de assassinatos de crianças e adolescentes entre 1988-1992" – divulgado no auge da crise Candelária – pôs mais lenha na fogueira, e enfatizava o fato de o adolescente negro de rua ser a vítima preferencial dos grupos de extermínio. Segundo este relatório, no período de 1988 a 1992 cerca de 1.888 menores haviam sido assassinados em todo o estado, por meio de chacinas ou individualmente.

É importante frisar, neste caso, que, apesar da ampla repercussão dos casos de Acari, da Candelária e de Vigário Geral, a morte violenta de crianças e adolescentes continuou a crescer dali para frente. Em 28 de abril de 1998, quando os assassinos da Candelária iriam a júri, o *Jornal do Brasil* denunciou que 6.033 adolescentes haviam sido assassinados no estado entre 1988 e 1998. O jornal baseava a matéria no acompanhamento estatístico feito pelo Segundo Juizado de Infância e Adolescência, em parceria com ONGs de direitos humanos.

As estatísticas mostravam um fato preocupante: o ano de 1993 – o da chacina da Candelária – fora o da ascensão da escalada da violência contra os menores de rua, pois houvera 1.152 homicídios contra crianças e adolescentes, um recorde no número de jovens assassinados nos últimos 10 anos no estado do Rio de Janeiro. No ano anterior, haviam ocorrido 450 assassinatos. Em três governos, Moreira Franco (1986-1990), Leonel Brizola (1991-1994) e Marcello Alencar (1995-1998), tinham sido mortos no total 7.057 adolescentes em todo o estado, um fato gravíssimo, pois demonstrava que nenhum governo – socialista ou conservador –, pós-ditadura militar, tinha conseguido implantar políticas de proteção à infância abandonada.

A advogada Cristina Leonardo lembra que, na ocasião da chacina de Vigário Geral, o governo estadual resolveu dar uma resposta no mesmo tom dos grupos de extermínio que estavam inseridos dentro das organizações policiais. A Procuradoria Geral de Justiça e o comando das duas polícias resolveram criar um grupo de elite de policiais – com, no máximo, 40 investigadores –, que se reuniam secretamente numa das dependências do quartel-general da Polícia Militar, na Rua Evaristo da Veiga, no Centro do Rio de Janeiro. Isto para evitar que as suas ações contra o extermínio vazassem e pusessem em risco as investigações para prender os envolvidos nos massacres de deserdados.

O certo é que esta estratégia acabou dando certo, e, pouco tempo depois, dezenas de PMs envolvidos nas mortes de Candelária e Vigário Geral foram presos, indiciados e denunciados pelos promotores de justiça do 2º Tribunal do Júri da capital.

O coronel Brum, que também estava presente na nova investida governamental, localizara uma testemunha fundamental: o informante policial Ivan Custódio, que, em depoimento de mais de 15 horas, no quartel-general da PM, revelara todo o esquema de atuação dos grupos de extermínio, da corrupção policial e de diversas práticas ilegais da PM e da Polícia Civil.

Com o depoimento de Ivan Custódio, dezenas de policiais militares foram presos e investigados pela equipe de elite montada pela cúpula da segurança pública no quartel-general da PM. A corporação, pela segunda vez, estava sendo dirigida pelo já falecido coronel Carlos Magno Nazareth Cerqueira. Fora um dos maiores golpes dados nos grupos de extermínio no estado. No entanto, durante o julgamento dos assassinos da chacina de Vigário Geral, por exemplo, entre 1998-2002, uns 40 policiais acusados de participar da morte de moradores foram absolvidos por falta de provas.

Este fato provocou o início de campanhas públicas para que os crimes cometidos contra os direitos humanos fossem federalizados, isto é, julgados em varas da justiça federal, a fim de evitar a promiscuidade do poder local com o julgamento e impedir a ascensão do corporativismo das auditorias de justiças militares, que têm tradição histórica de absolver acusados de crime em suas varas.

Neste sentido, podemos dizer, em outras palavras, que os grupos de extermínio não são formados somente por homens pobres e deformados mentais, mas por um sistema sofisticado que necessita de sua mão-de-obra assassina para recompor seu domínio sobre o sistema punitivo.

NOTAS

1. SUDBRACK, Umberto Guaspari. *Grupos de extermínio: aspectos jurídicos e de política criminal*. Discursos Sediciosos, v.1, n.2. Instituto Carioca de Criminologia, Rio de Janeiro, 1998.

2. CERQUEIRA FILHO, Gisálio; NEDER, Gizlene. *Brasil. Violência e conciliação no dia-a-dia*. Porto Alegre: Sergio Antonio Fabris Editor, 1987.

3. VERANI, Sérgio. *Assassinatos em nome da lei*. Rio de Janeiro: Aldebarã, 1996.

4. MOREIRA, Tânia Salles. *Chacinas e falcatruas*. Rio de Janeiro: Lumen Juris, 2001.

5. DOS SANTOS, Mauro Fernandes. "Violência e racismo". *Relatório sobre o extermínio de crianças e adolescentes no Rio de Janeiro*. Rio de Janeiro: Ceap, 1994.

6. BOFF, Leonardo. A violência policial e a questão social. In: *Direitos humanos x violência policial*. Projeto Legal/Ibiss/Movimento Nacional de Direitos Humanos/Fundação Bento Rubião/Ceap, Rio de Janeiro, 1999.

Capítulo XXV

A Chacina da Baixada

Em 31 de março de 2005, o Brasil foi sacudido por mais uma chacina: 29 pessoas – sendo sete adolescentes – foram exterminadas em Queimados e Nova Iguaçu, na Baixada Fluminense, por policiais militares.

Onze deles, duas semanas após o crime, de repercussão internacional, foram presos. Alguns foram reconhecidos pelos sobreviventes ou denunciados através de ligações telefônicas feitas para o Disque-Denúncia, da Secretaria de Segurança Pública.

Em fins de maio de 2005, o Ministério Público denunciou 11 policiais militares como autores da chacina. O julgamento dos acusados deve acontecer em 2006.

Uma das hipóteses para explicar a ação dos exterminadores, segundo a imprensa, teria sido a linha dura que vinha sendo imposta na tropa pelo comandante do 15º BPM de Duque de Caxias, coronel Paulo César Ferreira Lopes.

O coronel, egresso da Corregedoria da PM, teria ido comandar o batalhão – famoso por ter historicamente integrantes de grupos de extermínio – para implantar ali a chamada política correcional chamada "Navalha na carne", da cúpula da segurança pública, destinada a prender e processar policiais envolvidos com o crime.

O comandante do batalhão teria punido mais de 60 policiais por desvios de conduta. O fato teria provocado a reação dos policiais ligados ao extermínio, que, na noite de 31 de março de 2005, saíram matando a esmo nos municípios de Nova Iguaçu e Queimados.

No entanto, uma investigação da Comissão de Direitos Humanos da Assembléia Legislativa do Estado do Rio de Janeiro (Alerj) teria constatado que a chacina ocorrera em função de uma briga entre oficiais da PM, segundo O *Globo* (06/05/2005).

De acordo com os deputados Paulo Mello (PMDB) e Paulo Ramos (PDT) – major reformado da PM – por alimentar interesse por cargo político nas eleições em 2006 o coronel João Carlos Ferreira, inspetor-geral de Polícia, teria trocado vários comandos da Baixada, desestabilizando os planos políticos na região do coronel da reserva Francisco de Ambrosio, ex-comandante. Isso teria provocado a reação de militares ligados a Ambrosio, que resolveram mostrar fidelidade ao antigo chefe matando moradores na noite de 31 de março de 2005. Os dois oficiais negaram as versões dadas pelos parlamentares da Alerj.

Na prática, sabe-se que os grupos mais envolvidos com o crime têm presença forte na instituição militar, principalmente na Baixada Fluminense, onde contam com uma rede de proteção resistente historicamente às investidas do poder público em criar uma polícia menos corrupta e mais democrática.

Basta ver que esta impunidade, pelo relato da mídia, teve uma clareza política impressionante: os assassinos tiveram a cobertura de outros colegas no trajeto até os bairros onde aconteceram os extermínios.

Uma outra equipe de exterminadores, minutos após a chacina, voltou ao local para recolher as cápsulas deflagradas, e, assim, anular provas periciais. Um outro policial que participou da chacina teria voltado ao local do crime e discutido com um colega que estava lá para fazer o registro da ocorrência.

Essa rede de solidariedade entre criminosos aponta para um dos problemas históricos da instituição policial: a resistência ao controle interno de suas atividades. O não controle acaba gerando mais autoconfiança nos policiais que participam de grupos de extermínio.

A chacina da Baixada provocou duas reações importantes. Em primeiro lugar, ainda que a investigação do crime seja uma atribuição da polícia estadual, o presidente da República, Luiz Inácio Lula da Silva, cobrou a ação da Polícia Federal no episódio. Ou seja, paralelamente à investigação estadual, a PF fez seu inquérito, localizando e prendendo envolvidos. Este fato, por conseguinte, propiciou que a polícia estadual trabalhasse com mais acuidade, pois estava sendo monitorada pela Polícia Federal.

A PF acabou se tornando a corregedoria da polícia estadual, já que esta foi obrigada a trabalhar com qualidade nas investigações da chacina. Não só pela presença da PF no caso, mas porque, dessa vez, a opinião pública exigia uma investigação de qualidade, e não provas quaisquer como as produzidas principalmente após as chacinas de Candelária e Vigário Geral, onde a polícia técnica falhou durante a perícia. Na época, o Ministério Público teve poucas provas técnicas para punir os assassinos, e também, em conseqüência disso, quase 80% dos acusados das duas chacinas seriam absolvidos no 2º Tribunal do Júri do Rio de Janeiro.

Este livro foi composto em Sabon
11/15 para o texto e Humnst777 BT Bold 12
para títulos. O miolo foi impresso em papel
Pólen Soft 80g e capa em Hi-Bulky 250g,
em setembro de 2005, na Edil Artes Gráficas.